Helma Danner
Das große Bio-Kochbuch für Kinder

Das Buch

Vitalstoffreiche Vollwerternährung schützt schon in jungen Jahren vor ernährungsbedingten Zivilisationskrankheiten. Deswegen kann mit gesundem Kochen gar nicht früh genug begonnen werden.
In diesem Buch erhalten Kinder, aber auch erwachsene Kochanfänger einfach nachvollziehbare, sichere Anleitungen zum Kochen und Backen und zum Umgang mit naturbelassenen Lebensmitteln. In rund 200 Rezepten (davon etwa die Hälfte ohne tierisches Eiweiß), die sie mit ihren Kindern erarbeitet und erprobt hat, zeigt Helma Danner den fabelhaften Ideen- und Geschmacksreichtum der Vollwertküche.

Die Autorin

Helma Danner ist Gesundheitsberaterin der von Dr. M. O. Bruker gegründeten Gesellschaft für Gesundheitsberatung. Mit ihren Büchern zur gesunden Ernährung hat sie ein Millionenpublikum erreicht.

Von Helma Danner bereits erschienen:

Biokost für mein Kind
Biologisch kochen und backen
Die Naturküche

Helma Danner

Das große Bio-Kochbuch für Kinder

Gesunde Küche für junge Genießer

Liebe Eltern,

wir freuen uns, Ihnen diesen Klassiker der Vollwerternährung wieder präsentieren zu können. Helma Danner ist eine der ersten von Dr. med. Max Otto Bruker ausgebildeten Gesundheitsberaterinnen der Lahnsteiner Gesellschaft für Gesundheitsberatung GGB. Ihre Kinderkochbücher waren bereits vor zwanzig Jahren beispielhaft. Dank ihrer exakten Rezeptvorgaben gelingt garantiert jedes Gericht!

Einig der Zutaten, die den Einstieg in die Vollwertkost erleichtern (z. B. fertige Gemüsebrühe u. ä.), können von „Fortgeschrittenen" natürlich auch selbst hergestellt werden.

Wir wünschen viel Spaß beim gemeinsamen Kochen und guten Appetit!

Ihr
emu-Verlag

ISBN 978-3-89189-192-6

1. Auflage 1987
4. Auflage 2010
© EMU-Verlag GmbH, 56112 Lahnstein
Die Angaben und Ratschläge in diesem Buch sind von Autorin und Verlag sorgfältig erwogen und geprüft; dennoch kann eine Garantie nicht übernommen werden. Eine Haftung der Autorin bzw. des Verlags und seiner Beauftragten für Personen-, Sach- und Vermögensschäden ist ausgeschlossen.
Umschlaggestaltung: Martin Gutjahr-Jung
Titelabbildung: Anja Filler, München
Illustrationen: Anja Filler, München
Gesamtherstellung: Kösel, Krugzell
Printed in Germany

Inhalt

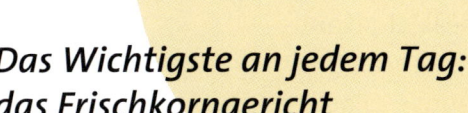

15	Vorwort
18	Einleitung
21	Wie machst du das?
28	Zeichenerklärungen
29	Begriffserklärungen
31	Empfehlungen für besondere Gelegenheiten

Das Wichtigste an jedem Tag: das Frischkorngericht

34	Das Frischkorngericht
36	Das Frischkorngericht aus gekeimtem Weizen
37	Das Frischkorngericht aus Hafer
38	Frischkornfrühstück nach Schweizer Art

Salat, Salat ... vor jedem Essen Salat

40	Blumenkohlsalat
41	Bunter Wintersalat
42	Chicoréesalat
43	Endiviensalat mit Apfel
44	Fenchel-Orange
45	Fenchelsalat mit Grapefruit
46	Frühlingssalat
47	Gemüse- oder Salatdip
48	Gurkensalat
49	Grüner Salat in Tomatensauce
50	Italienischer Salat
51	Käsesalat pikant
52	Karottensalat
53	Rapunzelsalat
54	Rettichsalat
55	Sauerkrautsalat
56	Sauerkrautsalat mit Karotten
57	Selleriesalat
58	Tomate gefüllt
59	Tomatenkörbchen
60	Tomatensalat
61	Türkischer Bohnensalat
62	Weiß-grüner Salat mit Mandelsauce
63	Weißkrautsalat
64	Wirsingsalat mit Birnen

Suppen schmecken im Sommer und im Winter

- 66 Gelbe Erbsensuppe
- 67 Grießnockerlsuppe
- 68 Grießsuppe
- 69 Grünkernsuppe mit Goldwürfeln
- 70 Kalte Gurkensuppe
- 71 Kalte Tomatensuppe für heiße Tage
- 72 Nudelsuppe
- 73 Seeräubersuppe
- 74 Tomatensuppe

Mit der Sauce rutscht es besser

- 76 Kräutersauce
- 77 Tomatensauce
- 78 Pilzsauce
- 80 Vanillesauce

Hauptgerichte zum Sattessen

82	Backkartoffeln
83	Blaukrautgemüse
84	Blumenkohl mit »Gräberle«
85	Eierschiffchen im Quarkmeer
86	Französische Bohnen
87	Gebackene Auberginenscheiben
88	Gebackene Bananen auf Reis
89	Gebackene Pilze
90	Griechischer Gemüsekuchen
92	Gebackene Zucchinischeiben
93	Haferküchlein
94	Hirsekräpfchen
95	Hirse-Eintopf
96	Italienische Pizza
98	Käsenudeln
98	Käsereis
99	Kartoffelbrei
100	Kartoffelchips
101	Kartoffelgulasch
102	Kartoffelkroketten
103	Kartoffelpuffer
104	Kartoffelrösti mit Spiegelei
105	Kartoffelsalat
106	Kräuterreis
107	Pellkartoffeln mit Kräuterbutter
108	Maisfladen überbacken
110	Petersilienkartoffeln
111	Pommes frites
112	Quarkpufferchen

113	Rosenkohl in Käsesauce
114	Schwäbische Spätzle
116	Semmelklöße
117	Tomaten gefüllt
118	Vollkornpfannkuchen
120	Vollkornnudeln
121	Wirsinggemüse
122	Zucchiniauflauf

Für die Süßen: ein süßes Hauptgericht

124	Apfelschlemmerei
125	Früchtereis
126	Grießbrei
127	Gebackene Grießschnitten
128	Hefepfannkuchen
129	Hirsebrei
130	Kartäuser-Klöße mit roter Fruchtsauce
131	Polnische Quarkknödel
132	Quarkauflauf
133	Quarklaibchen
134	Schlummerapfel
136	Schneewittchen-Auflauf

Du kannst dein Brot selbst backen

- 138 Dreikornbrot
- 140 Französisches Stangenbrot
- 142 Frühstücksbrot
- 144 Mein erstes Brot
- 146 Walliser Nussbrot

Pikantes Kleingebäck

- 150 Faschingsmasken
- 152 Fladenbrot-Express
- 153 Käselaibchen
- 154 Kaukasisches Fladenbrot
- 155 Knäckebrot
- 156 Nusskipfchen
- 158 Party-Brötchen
- 160 Toni und Vroni
- 161 Türkische Weizenfladen
- 162 Zwiebelfladen
- 164 Zigeunerkrapfen

Kuchenbäckers Lieblingsrezepte

- 166 Apfelkuchen
- 168 Apfelmuskuchen
- 170 Geburtstagsrolle
- 172 Gesundheitskuchen
- 174 Gewürzkuchen

175	Hefebutterkuchen
176	Hexenhaus aus Lebkuchen
180	Kirschkuchen versenkt
182	Liebesknochen
184	Mailänder Domkuchen
186	Schwarzbeerkuchen (Heidelbeerkuchen)
188	Streuselkuchen
190	Tiroler Geburtstagskranz
192	Zwetschgenkuchen

Plätzchen

196	Butterkekse
198	Gewürzschnitten
200	Hänsel und Gretel
202	Haselnusstaler
203	Kinder-Busserl
204	**Kokosberge**
205	**Kokosknöpfe**
206	Lebkuchenherzen
208	Lustige Kindergesichter
210	Nürnberger Lebkuchen
212	Orangenplätzchen
213	Teegebäck
214	Vollkornspritzgebäck
216	Vollkornwaffeln

Süßes Kleingebäck

- 220 Mandelbrezeln
- 222 Mohnschnecken
- 224 Nussstangen
- 226 Osterkränzchen
- 228 Rosinenbrötchen
- 230 Schneiders Fleck
- 232 Wanjas Pausenkugeln

Schleckereien, Pikantes, Getränke und Sonstiges für allerlei Gelegenheiten

Schleckereien

- 234 Eisbombe
- 236 Erdbeer-/Himbeer-/Brombeereis
- 237 Melone mit Vanilleeis
- 238 Schokoladeneis
- 239 Vanille-Eis
- 240 Aprikosenkugeln
- 241 Früchtewürfel
- 242 Mandelkonfekt
- 243 Mandel-Krokant-Häufchen
- 244 Marzipanfiguren
- 246 Marzipankartoffeln
- 248 Schneebällchen

249	Bratäpfel
250	Brotaufstrich Leckermäulchen
251	Erdbeergrütze
252	Erdnussaufstrich marmoriert
253	Honig-Sesam-Butter
254	Kiwicreme
255	Kompott aus rohem Obst
256	Krachnuss-Aufstrich
257	Marmelade aus rohem Obst
258	Melone Schlaraffenland
259	Nussbutter
260	Obstspießchen Tuttifrutti
261	Quarkcreme mit Obst
262	Rohes Apfelmus
263	Rohes Preiselbeerkompott
264	Rohes Zwetschgenmus
265	Schokoladencreme
266	Schwarzbeer-Kaltschale
267	Vanillecreme mit Früchten
268	Walnuss-Mandel-Butter
269	Walnuss-Schoko-Butter

Pikantes:

270	Bunte Käsekugeln
271	Gebackene Kastanien
272	Geröstete Salzmandeln
273	Grissini
274	Käseplätzchen
275	Käsespießchen Max und Moritz
276	Kleiner Imbiss
277	Kressebutter
278	Kümmelstängchen
279	Paprikabutter
279	Pikante Butter
280	Partybrot Lucullus
282	Party-Stängchen
283	Tomatenbutter
284	Schlemmer-Igel für Partys oder kleine Feste
286	Popcorn

Getränke:

288	Fruchtbowle
290	Kräutertee
291	Party-Punsch
292	Schlemmermilch
293	Bananenmilch

Sonstiges:

294	Ostergras
295	Ostereier färben
296	Selbst gezogene Kresse
298	*Zu guter Letzt*

Vorwort

Liebe Mädels, liebe Jungs,

Ihr wundert Euch wahrscheinlich, dass ein Arzt zu einem Kochbuch für Kinder und Jugendliche ein Vorwort schreibt. Was hat denn Kochen und Backen, überhaupt das Essen, mit Gesundheit und Krankheit zu tun? Viel mehr, als Ihr annehmt.
Heute gibt es weit mehr kranke Menschen als früher, und von Jahr zu Jahr werden es mehr. Dabei fällt auf, dass immer jüngere Lebensalter ergriffen werden und dass Krankheiten, die früher nur ältere Menschen erfassten, heute schon Kinder und Jugendliche befallen. Leider wissen auch die meisten Erwachsenen nicht, dass viele Krankheiten mit falscher Ernährung zusammenhängen. Wir Ärzte sprechen von *ernährungsbedingten Zivilisationskrankheiten*. Unsere Vorfahren, die Menschen vor etwa 120 Jahren, haben sich erheblich anders ernährt als wir heute. Die Zivilisation hat uns viele Bequemlichkeiten gebracht; wir können mit der Eisenbahn, dem Auto, dem Flugzeug ferne Ziele schnell erreichen, wir können telefonieren und ferne Ereignisse in Rundfunk und Fernsehen miterleben, und wir können mit künstlichem Licht die Nacht zum Tage machen. Auch die Nahrung können wir verfeinern und durch technische Eingriffe aus jedem Lebensmittel ein Genussmittel machen. Diese künstliche Veränderung unserer ursprünglichen Lebensmittel, von denen die Menschen lebten, seit die Welt steht, ist die Ursache zahlreicher Krankheiten. Die Zusammenhänge hat man erst spät erkannt, da es Jahr-

zehnte dauert, bis eine falsche Ernährung sich als Krankheit äußert.

Wollt Ihr gesund bleiben, müsst Ihr schon in der Kindheit mit einer gesund erhaltenden Ernährung beginnen. Viele Kinder, aber auch noch Erwachsene, meinen, es sei selbstverständlich, dass man gesund ist, und es sei eben Pech oder ein unglücklicher Zufall, wenn man krank wird. Dies ist aber ein großer Irrtum. Jede Krankheit hat Ursachen. Jeder von Euch war schon mal krank und hat erlebt, dass Kranksein nicht schön ist und nur Nachteile mit sich bringt.

Wäre es nicht wunderbar, zu erfahren, wie Ihr herrlich schmeckende Speisen zubereiten könnt und dazu die Gewissheit habt, nicht nur jetzt, sondern auch im späteren Leben gesund zu bleiben? Ihr lebt ja zusammen mit Erwachsenen und könnt täglich erleben, wie wenig Erwachsene es gibt, die noch ganz gesund sind, und wie viel Not Kranksein in die Familie bringt. Ihr erlebt auch, dass die Erwachsenen nicht wissen, dass sie durch falsches Essen krank geworden sind, sonst hätten sie doch sicher etwas getan, um nicht krank zu werden.

Die Ernährungswissenschaft hat festgestellt, dass der Mensch außer den Grundnährstoffen Eiweiß, Fett und Kohlenhydraten, die in den Lebensmitteln enthalten sind, auch so genannte Vitalstoffe, z. B. Vitamine und Mineralstoffe, braucht, um gesund zu bleiben.

Da manche dieser Vitalstoffe verloren gehen, wenn wir die Lebensmittel erhitzen oder in der Fabrik künstlich Nahrungsmittel daraus herstellen, müssen wir eben die Lebensmittel so natürlich wie möglich essen. So nehmt Ihr z. B. zum Süßen anstelle des in der Fabrik hergestellten Zuckers Honig und süße Früchte.

Schon an den Zähnen könnt Ihr sehen, was in der Fabrik hergestellter Zucker anrichten kann: Der Mensch hat 32 Zähne; aber bei keinem Erwachsenen sind sie noch alle gesund. Der Zahnarzt muss bohren, er macht Zahnfüllungen, Brücken, Implantate und künstliche Gebisse. Schon allein um bis ins hohe Alter eigene schöne Zähne zu erhalten, wäre es gut, in der Kindheit mit gesunder und gut schmeckender Nahrung zu beginnen. Mit einer solchen Nahrung können auch alle anderen Krankheiten, die durch unzureichende Ernährung entstehen, vermieden werden, z. B. die immer wiederkehrenden Erkältungen, Mandelentzündungen, Dicksein, Zuckerkrankheit, Rheuma, Gelenkkrankheiten, Lebererkrankungen, Steinbildungen, Herzinfarkt und viele andere. Wenn Ihr Euch als Kinder so ernährt, dass kein Zahn schlecht wird, so werdet Ihr im späteren Alter von all den ernährungsbedingten Krankheiten, die ich eben aufgezählt habe, verschont bleiben.

Macht es da nicht doppelt so viel Spaß, gleich richtig Kochen und Backen zu lernen und Speisen herbeizuzaubern, die nicht nur gut schmecken, sondern auch fit und gesund erhalten?

Dr. M. O. Bruker (1909–2001)
Arzt für innere Krankheiten

Einleitung

Liebe Mädels, liebe Jungs,

vor Euch liegt ein besonderes Kochbuch, das Bio-Kochbuch. Es enthält eine große Anzahl leckerer und guter Rezepte, nach denen Kinder und Jugendliche gerne kochen und backen. Viele lustige und erklärende Zeichnungen erleichtern Euch die Arbeit. Zur besseren Übersicht sind alle Koch- und Backzutaten für jedes einzelne Rezept auf ein Regal oder einem Tisch gezeichnet. Das Besondere jedoch an diesem Kochbuch sind die naturbelassenen Zutaten. Für viele von Euch wird das neu sein, darum will ich es kurz erklären.

Naturbelassen heißt ganz einfach unverändert, so, wie es von der Natur geschaffen wurde. So findet Ihr das Gemüse, das üblicherweise oft gekocht wird, als Salate zubereitet. Ebenso werden Kompott und Marmelade aus rohem Obst gemacht. Das schmeckt nicht nur gut, sondern die ganze natürliche Frische vom Gemüse und Obst bleibt erhalten mit allen Vitaminen und allen anderen wichtigen Vitalstoffen. Vitalstoffe sind biologische Wirkstoffe, die der Mensch zur Erhaltung seiner Gesundheit braucht.

Naturbelassenes Gemüse und Obst sind Euch vielleicht schon bisher bekannt gewesen. Wisst Ihr aber auch, was naturbelassenes Mehl ist, aus dem Ihr Plätzchen, Kuchen oder

Brot backt? Es ist ganz einfach, Ihr bereitet es aus Getreide, beispielsweise aus dem Weizen, selbst zu. Die Weizenkörner werden abgewogen und in die Getreidemühle geschüttet. Ihr stellt eine Schüssel darunter, in die beim Mahlvorgang das Mehl fällt, naturbelassenes, frisches Mehl. Es heißt Vollkornmehl, weil das volle Korn gemahlen wurde. Es enthält auch sehr viele Vitalstoffe, die ihm alle von der Natur mitgegeben wurden und zur Erhaltung unserer Gesundheit notwendig sind. Mit diesem Vollkornmehl bereitet Ihr viele leckere Backwaren und Gerichte. Diese sind nicht nur gesund, sondern schmecken auch ganz herrlich, so richtig herzhaft. Ihr werdet bestimmt oft gar nicht mehr aufhören können zu essen.

Wenn Ihr keine Getreidemühle besitzt, lasst Ihr Euch das Getreide im Reformhaus oder Bioladen frisch mahlen.

Womit süßen wir? Es muss auch naturbelassen und unverändert sein! Das ist in erster Linie der Honig, den die Bienen aus dem Nektar blühender Pflanzen und anderen Pflanzensäften (sog. Honigtau) mit körpereigenen Stoffen bereiten. Aber auch in allen reifen Früchten und auch in Trockenfrüchten ist so viel naturbelassener Zucker enthalten, dass wir den Zucker, der in der Fabrik hergestellt wird, gar nicht brauchen. Ja, Ihr sollt ihn sogar meiden, weil er an der Entstehung vieler Krankheiten mitbeteiligt ist. Alle Schleckereien, die Ihr und auch die Erwachsenen so gerne mögen, könnt Ihr Euch selbst zubereiten. Mit Früchten, Nüssen, Honig, Trockenfrüchten und Sahne gelingen Euch die leckersten Dinge. Ihr werdet's ja lesen, es gibt Eis, Marzipankartoffeln, Obstspießchen und vieles Gute mehr. Noch ein wichtiges Lebensmittel, das auch naturbelassen sein soll, das Fett, verwendet Ihr in diesem Kochbuch. Dazu zählen die Butter, die Sahne, die kaltgepressten oder kaltgeschlagenen

Öle. Ihr werdet feststellen, dass ein selbst gebackenes Brötchen oder Brot mit Butter bestrichen ein Hochgenuss ist, dass Kuchen und Plätzchen mit Butter gebacken einen ganz besonders feinen Geschmack haben und dass einfach jedes Gericht in der Küche, zu dem Ihr Butter verwendet, eine ganz besondere Note erhält. Zu allen Salaten verwendet Ihr die kaltgepressten oder kaltgeschlagenen Öle.

Das waren die wichtigsten naturbelassenen Lebensmittel, die Ihr zum Kochen und Backen verwenden sollt. Alle anderen Zutaten werden Euch auch bald vertraut sein, und Ihr werdet schnell herausgefunden haben, wo Ihr sie bekommen könnt. Denkt bitte immer daran, dass Ihr alles so naturbelassen wie möglich verwendet. Ihr werdet jetzt auch verstehen, warum dieses Kochbuch »Das Bio-Kochbuch« heißt.

Und nun wünsche ich Euch viel Freude und Spaß beim Kochen und Backen.

Helma Danner
Gesundheitsberaterin (GGB)

Wie machst du das?

1. Abreiben von Zitronen- oder Orangenschalen
Die verwendeten Zitronen oder Orangen müssen immer unbehandelt sein. Wasche sie zuerst gut ab und reibe die Schale unter ständigem Drehen auf einer feinen Reibe ab. Bei Zitronen reibst du nur das Gelbe der Schale und bei Orangen nur das Orangene der äußeren Schale ab, damit die Schale nicht bitter schmeckt im Kuchen. Wenn du kein feines Reibeisen hast, dann nimm eine Kartoffelreibe, lege auf die Reibfläche ein Blatt Butterbrotpapier und reibe nun die Schale ab. Dann hebst du das Papier ab und streifst das Abgeriebene vom Papier in die Schüssel.

2. Backen in der Pfanne
Gib zuerst das Fett in die Pfanne, entweder Butter oder kaltgepresste Öle. Beim Gasherd kannst du die Hitze gut regulieren, stelle sie zwischen große und kleine Flamme ein. Beim Elektroherd muss der Pfannenboden so groß wie oder größer sein als die Elektroplatte oder das Kochfeld. Die Herdeinstellung ist zum Beispiel 2, wenn 3 die höchste Einstellung ist; das hängt von der jeweiligen Regulierungsskala eines Elektroherdes ab. Die Schnellkochplatten eignen sich nicht gut zum Backen in der Pfanne.
Vor dem Umwenden des Bratgutes gibst du nochmals etwas Fett in die Pfanne.

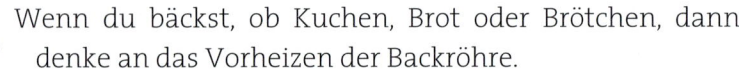

3. Backen in der Röhre

Wenn du bäckst, ob Kuchen, Brot oder Brötchen, dann denke an das Vorheizen der Backröhre.

Beim Gasherd genügt es, 2–3 Minuten vor dem Einschieben die Flammen zu entzünden. Beim Elektroherd musst du ca. 10 Minuten vor dem Einschieben den Herd einschalten. Beim Elektro-Umluftherd dauert es nur ca. 5 Minuten, bis die eingestellte Temperatur erreicht ist. Bei dieser Herdart darfst du auch nicht die im Buch angegebene Temperatur einstellen, sondern immer etwas niedriger (um 20–30°).

4. Eier aufschlagen und trennen

Wasche das Ei vorsichtig ab und stelle eine Tasse bereit. Nimm das Ei in die Hand, schlage es in der Mitte an den Tassenrand (nicht so stark, dass es gleich auseinanderbricht) und drehe die Bruchstelle gleich nach oben. Dann nimmst du es in beide Hände, brichst es über der Tasse auseinander und lässt es in die Tasse gleiten. Willst du Dotter und Eiweiß trennen, brauchst du zwei Tassen. Schlage das Ei am Tassenrand auf und breche es über der Tasse auf. Die linke Eihälfte hältst du dabei mit der Öffnung nach oben, damit der Dotter dort verbleibt und nur das Eiweiß in die Tasse läuft. Dann gießt du die rechte Eihälfte ganz aus und gießt den Dotter von der linken Eischale in die rechte Eischale. Vorsichtig lässt du dabei das Eiweiß in die Tasse laufen. Dann gießt du den Dotter wieder nach links, und wenn alles Eiweiß weggelaufen ist, gibst du ihn in die zweite bereitgestellte Tasse.

5. Eischnee schlagen

Gib das Eiweiß mit einer MS Salz in eine hohe Tasse oder kleine Schüssel oder, wenn es mehr Eiweiße sind, in einen schmalen hohen Topf und schlage es mit dem Elektroquirl oder dem Sahneschläger steif. Wenn du glaubst, es ist schon steif, dann drehe vorsichtig die Schüssel oder Tasse um. Wenn nichts mehr läuft, dann ist der Eischnee fest.

6. Einfetten, Einmehlen und Bröseln von Backblech, Auflaufform, Kuchenform

Zum Einfetten eines Bleches, einer Kuchenform oder Auflaufform nimmst du immer Butter. Du kannst ein Stück Butterbrotpapier nehmen und mit diesem ein Stückchen Butter auf dem Blech verreiben. Du kannst aber auch ein Stückchen Butter in der Pfanne auf dem Herd zerlaufen lassen und Blech oder Form mit dem Pinsel einfetten. Dies ist besonders bei Napfkuchenformen günstig.
Hast du nun das Blech oder die Form eingefettet, dann streust du Vollkornsemmelbrösel oder Vollkornmehl auf das Blech oder in die Form und schüttelst es vorsichtig hin und her, damit alles mit Mehl oder Brösel abgedeckt ist.

7. Achtung!

Heiße Töpfe, Backbleche oder Formen immer auf einem Metalluntersetzer abstellen.

8. Honig abwiegen

Leider kann man nicht in allen Rezepten den Honig esslöffelweise dazugeben, weil auf einen Esslöffel mal viel und mal wenig Honig passt, je nachdem, wie flüssig der Honig ist. Aber Honig wiegen ist ganz einfach: Stelle deine Backschüssel auf die Waage und wiege sie genau aus. Zähle nun zu diesem Gewicht die angegebene Honigmenge und lasse sie dazulaufen.

Ganz einfach geht das bei den Zuwiege-Waagen. Du stellst die Schüssel auf die Waage, schiebst die Skala mit »0« auf den Zeiger, und schon kannst du den Honig dazulaufen lassen und dabei die Menge ablesen. Bei Digitalwaagen kann man die Zuwiege-Funktion per Knopfdruck aktivieren.

9. Kochen – Quellen

Wähle den richtigen Topf: Er soll nicht zu groß sein, so dass das Kochgut nur den Boden bedeckt, und nicht zu klein, damit es beim Kochen nicht gleich überläuft. Suche dir auch den passenden Deckel dazu.

Beim Gasherd stellst du die Flamme auf groß, sie darf jedoch nicht seitlich am Topf herauskommen, sondern nur den Topfboden anheizen. Wenn der Inhalt kocht, drehst du die Flamme so klein, dass er leicht weiterkocht (mit Deckel).

Beim Elektroherd darf der Topfboden nicht kleiner sein als die Elektroplatte oder das Kochfeld. Stelle sie zum Kochen auf die größte Hitzeeinstellung und drehe dann zurück auf kleine Hitze, Einstellung 1–1 1/2. Beim Elektroherd kannst du auch schon, bevor es kocht, zurückschalten auf kleine Hitze, dazu brauchst du jedoch etwas Erfahrung. Wenn das Kochgut nur noch quellen muss, dann stellst du, wenn es kocht, beim Gasherd die Flamme auf ganz klein. Beim Elektroherd kannst du die Platte ausschalten, denn sie hält lange warm.

Induktionsherde funktionieren nur mit bestimmten Topfarten. Hier wird nicht die Herdplatte, sondern direkt der Topf erhitzt. Wenn Ihr einen solchen (sehr modernen) Herd habt, lass dir am besten von deinen Eltern die Bedienung erklären.

10. Kräuter schneiden und wiegen

Wasche die Kräuter in einer Schüssel, und hebe sie in ein Sieb. Wiederhole dies 2- bis 3 mal. Schnittlauch kannst du in der Hand halten und unter fließendem Wasser waschen. Trockne die Kräuter etwas in Küchenpapier, nimm Schneidebrett, Messer und Wiegemesser. Lege sie dir schön nacheinander auf das Brett, halbiere sie und lege die beiden Schnittflächen übereinander, dann hast du gleich einen glatten Anfang. Halte sie nun mit der linken Hand fest, ziemlich weit vorne, wo du schneidest. Schneide nun so feine Streifen ab, wie du kannst, und rücke dabei mit der anderen Hand langsam zurück, damit du dich nicht schneidest.

Schnittlauch und Zwiebelschlotten sind somit fein geschnitten. Andere Kräuter wie Petersilie, Dill, Borretsch oder Majoran kannst du mit dem Wiegemesser noch zusätzlich fein wiegen. Nimm das Wiegemesser in beide Hände und wiege hin und her, von vorne nach hinten. Dann schiebst du die Kräuter wieder in die Mitte zusammen und wiegst sie nochmals, bis sie fein sind.

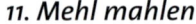

11. Mehl mahlen

Wiege auf deiner Waage die angegebene Menge an Getreidekörnern ab. Stelle die Getreidemühle auf die feinste Einstellung und gib das Getreide in den Einfülltrichter. Stelle eine passende Schüssel unter die Mehlauswurfstelle, schalte ein, und schon läuft das Mehl aus der Mühle. Mahle das Mehl nicht auf Vorrat, sondern erst, wenn du es brauchst. Wenn du keine Getreidemühle besitzt, kannst du dir das Getreide meist in Reformhäusern oder Bioläden mahlen lassen.

12. Sahne steif schlagen

Fülle die kalte Sahne in einen schmalen hohen Topf, halte den Elektroquirl hinein und lass ihn auf Stufe 1 anlaufen. Nach ca. 1 Minute schaltest du auf Stellung 2 und nach einer weiteren Minute auf Stellung 3. Wenn du das Gerät langsam hin und her bewegst, siehst du auch, wenn die Sahne anfängt fest zu werden. Wenn die Rillen, die durch das Schlagen entstehen, nicht mehr verlaufen, ist die Sahne steif.
Möchtest du, dass die Sahne gesüßt ist, dann gib zur steifen Sahne den flüssigen Honig, 1 Teelöffel auf 1 Becher Sahne, und lasse nochmals das Gerät kurz laufen. Auch mit dem Sahnerädchen lässt sich die Sahne gut steif schlagen. Die
3. Möglichkeit ist der Schneebesen. Dazu musst du die Sahne in eine Rührschüssel füllen, damit du den Schneebesen schön schwingen und durch die Sahne ziehen kannst. Das dauert nur etwas länger als mit Quirl und Sahnerädchen.
In allen 3 Fällen ist wichtig, dass die Sahne kalt ist (aus dem Kühlschrank) und dass du aufhörst zu schlagen, wenn sie steif ist, sonst wird es Butter.

13. Teig kneten

Jeder Hefeteig muss gut geknetet werden. Wenn nach dem Ansetzen die Hefe in der Mehlmitte hochgestiegen ist, kommen die angegebenen Zutaten zum Mehl. Danach verrührst du erst alles mit dem Kochlöffel und dann wird mit der Hand geknetet. Mit der linken Hand hältst du die Schüssel und mit der rechten Hand knetest du erst mal alles zu einer Teigkugel zusammen. Stelle dir immer eine Schüssel mit lauwarmem Wasser neben die Teigschüssel; wenn der Teig an deiner Hand stark klebt, tauche sie in die Schüssel und knete weiter. Sie wird daraufhin wieder sauber. Du drückst nun die Teigkugel immer wieder zusammen, von außen immer zur Mitte hin. Die Schüssel kannst du dabei langsam drehen. Einen Brotteig musst du 10 Minuten, Kleingebäck 5 Minuten gut kneten.

14. Zwiebel schneiden

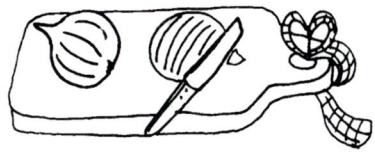

Schneide die Zwiebel oben und unten ein Stückchen ab und entferne die braunen Schalen. Dann legst du sie auf ein Schneidebrett und halbierst sie. Die Schnittfläche stellst du nun auf das Brett und schneidest die Zwiebel in Querscheiben auf, so dünn, wie du eben kannst, das ist Übungssache. Mit der linken Hand hältst du die Zwiebel dabei fest zusammen. Hast du nun lauter Querscheiben, dann schneidest du sie von vorne nach hinten längs auf, so fein du kannst. Mit der linken Hand gehst du immer weiter zurück, damit du dich nicht schneidest. So erhältst du feine Zwiebelwürfelchen. Gib diese in eine kleine Schüssel, streue 2 MS Vollmeersalz darüber und mische alles gut. So wird der Zwiebel die Schärfe genommen.

Zeichenerklärungen

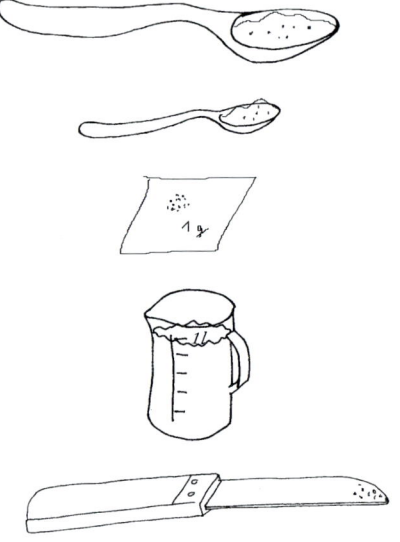

1 EL = 1 Esslöffel
1 TL = 1 Teelöffel
1 g = 1 Gramm
1 l = 1 Liter
1 MS = 1 Messerspitze

❀ = Dieses Rezept ist tiereiweißfrei, also zum Beispiel geeignet für Allergiker, Rheumatiker, Hautkranke.

✳ = Dieses Rezept kann in ein tiereiweißfreies Rezept verwandelt werden. Am Ende dieses Rezepts wird auf die tiereiweißfreie Variation hingewiesen.

Begriffserklärungen

Agar-Agar ist ein Produkt aus Meeresalgen. Wird zum Gelieren und Andicken verwendet.
Bio-Produkte sind mit dem Bio-Siegel gekennzeichnet und unterliegen ständigen Qualitätskontrollen. Sie stammen aus ökologischem Anbau bzw. ökologischer Tierhaltung. Generell sollten weitmöglichst nur diese Produkte für die Speisenzubereitung verwendet werden, nach dem von Prof. Kollath aufgestellten Grundsatz: Lasst die Nahrung so natürlich wie möglich.
Delifrut ist eine sehr feine Gewürzmischung (Zimt, Sternanis, Koriander, Ingwer, Kardamom, Nelken, Bourbon-Vanille) für süßes Würzen. (Im Reformhaus erhältlich.)
Gekörnte Hefebrühe ist eine rein vegetarische Brühe mit Hefeextrakt. Unter verschiedenen Namen im Naturkostladen erhältlich.
Hefeflocken werden aus der Vitamin-B-reichen Hefe hergestellt, die aus Weizenkeimen und Weizen gewonnen wird.
Kaltgeschlagenes Öl ist identisch mit kaltgepresstem Öl. Es wird durch Pressung aus den Ölfrüchten (z. B. Sonnenblumenkernen, Oliven, Lein, Kürbiskernen, Mandeln, Walnüssen) gewonnen.
Rohmilch ist unpasteurisierte Milch.
Streumehl ist fein gemahlenes Weizenvollkornmehl.
Tiereiweißfrei bedeutet, dass in diesem Rezept kein tierisches Eiweiß verwendet wird wie z. B. Milch, Rohmilch, Dickmilch, Sauermilch, Buttermilch, Joghurt, Frischkäse, Rohmilchkäse,

Quark, Eier. Es ist der Eiweißanteil dieser Produkte, der sich bei vielen Kindern störend auf die Gesundheit auswirkt.

Sahne, Sauerrahm, Crème fraîche und Butter sind Träger tierischen Fettes und sind wegen ihres geringen Eiweißanteils und des mäßigen Verbrauchs erlaubt. Nur in schwersten Krankheitsfällen sollten anfangs auch diese tierischen Produkte gemieden werden.

Pflanzliche Pastete gibt es in vielen Geschmacksrichtungen. Sie eignet sich zu Suppen, Frikadellen oder als Brotaufstrich. Sie ist unter verschiedenen Namen im Naturkostladen, inzwischen aber auch schon in Super- und Drogeriemärkten erhältlich.

Gemüsebrühepaste oder *-würfel* sind eine rein pflanzliche Brühe mit Hefeextrakt, Gemüsezusatz und natürlichen Gewürzen. Sie eignet sich zur Bereitung von Suppen, Saucen, Eintopfgerichten, Nudeln, Reis und Gemüse.

Vollmeersalz ist ein unraffiniertes Salz ohne Rieselhilfe, das aus dem Meer gewonnen wird. Es enthält viele wichtige Mineralsalze und Spurenelemente.

Vorzugsmilch ist Rohmilch aus besonders überwachten Tierbeständen.

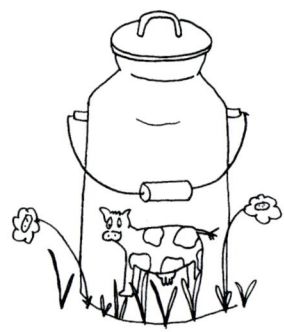

Empfehlungen für besondere Gelegenheiten

Geburtstag
Eisbombe
Geburtstagsrolle
Lustige Kindergesichter
Marzipankartoffeln
Mixgetränke
Schlemmermilch
Tiroler Geburtstagskranz
Vollkornspritzgebäck

Ostern
Ostereier färben
Ostergras
Osterkränzchen

Weihnachten
Butterplätzchen
Hänsel und Gretel
Haselnusstaler
Hexenhaus
Gewürzkuchen
Mailänder Domkuchen

Kinderfeste
Bratäpfel
Fruchtbowle
Gebackene Kastanien
Käsekugeln
Käsespießchen Max und Moritz
Melone mit Vanille-Eis
Melone Schlaraffenland
Nusskipfchen
Obstspießchen Tuttifrutti
Party-Punsch
Popcorn
Rosinenbrötchen
Schlemmer-Igel
Toni und Vroni
Vollkornwaffeln

Das Wichtigste an jedem Tag: das Frischkorngericht

Frischkorngericht

Das Frischkorngericht*
(für 2 Personen)

Zutaten
4–5 EL Weizen
Saft von 1/2 Zitrone, unbehandelt
1/4 Becher Sahne (50 g)
1 TL Honig
1–2 Äpfel (ca. 200 g)
200 g Obst der Jahreszeit
1 EL Nüsse

Mahle mit einer Kaffee- oder Getreidemühle den Weizen grob. ● Diesen frisch gemahlenen Getreideschrot verrührst du mit so viel frischem Wasser, dass ein dicker Brei entsteht. Decke nun ein Geschirrtuch darüber und lasse ihn 1–8 Stunden quellen. Je gröber das Getreide geschrotet ist und je kürzer die Einweichzeit, desto gründlicher musst du den Frischkornbrei kauen. Normalerweise schrotest du abends das Getreide, verrührst es mit Wasser und lässt es bis zum Morgen quellen. Zum Frühstück bereitest du dir dann den Frischkornbrei. Das Frischkorngericht kann auch zu jeder anderen Tageszeit bereitet und gegessen werden. Die Einweichdauer kann für diesen Zweck kürzer sein. ● Nach der Quellzeit gibst du den Zitronensaft, die Sahne und den Honig dazu, reibst die Äpfel hinein und hebst alles unter den Getreidebrei. Nun verteilst du ihn in 2 Kompottschüsselchen. ● Über den Brei wird klein geschnittenes Obst verteilt. Du kannst alles frische Obst verwenden, das die Jahreszeit gerade bietet und was dir schmeckt, z. B. Aprikosen, Bananen, Birnen, Erdbeeren, Kiwi, Orangen, Pfirsiche, Zwetschgen. Die Nüsse zerhackst du grob in einem Nusshacker, streust sie über das Obst und servierst das Frischkorngericht gleich.

Andere Zubereitungsarten ❀

Das Frischkorngericht ist die wichtigste Speise für dich, du solltest es jeden Tag essen. Es muss dir so gut schmecken, dass du es gerne isst; deshalb bereite es jeden Tag schön und liebevoll zu und immer mit frisch gemahlenem Getreide. Du kannst es immer wieder anders zubereiten. ● Statt Weizen kannst du Fünfkorn verwenden, das sind fünf verschiedene Getreidesorten, gemischt. ● Statt Honig kannst du zum Süßen auch ungeschwefelte Trockenfrüchte verwenden, z. B. Rosinen, Korinthen, Feigen, Aprikosen, Zwetschgen; diese weichst du zur gleichen Zeit wie das geschrotete Getreide in einer Tasse mit wenig Wasser ein. Größere Trockenfrüchte schneidest du in kleine Stückchen. Das Einweichwasser verwendest du auch mit.
● Du kannst immer wieder ein anderes Obst auf den Getreidebrei schneiden, was dir gerade schmeckt und was die Jahreszeit bietet. ● Du kannst auch bei den Nüssen wechseln und immer wieder andere verwenden: Walnüsse, Haselnüsse, Mandeln, Paranüsse, Cashewnüsse etc. ● Wenn du den Frischkornbrei besonders schön anrichten willst, dann rührst du die Sahne nicht darunter, sondern schlägst sie mit dem Sahneschläger steif und häufst sie auf das fertige Gericht. ● Andere Zubereitungsarten, die auch Abwechslung in den Speiseplan bringen, sind Frischkorngerichte aus Hafer oder gekeimtem Getreide.

Geräte
*Kaffee- oder
  Getreidemühle
kleine Schüssel
Esslöffel
Geschirrtuch
Zitronenpresse
Teelöffel
feine Gemüseraffel
Küchenmesser
Nusshacker
2 Kompott-
  schüsselchen*

Frischkorngericht

Das Frischkorngericht aus gekeimtem Weizen
(für 2 Personen)

Zutaten
4–5 EL Weizen (keimen lassen)
Saft von 1/2 Zitrone, unbehandelt
1 TL Honig
400 g gemischtes Obst der Jahreszeit
1 EL Nüsse
1/4 Becher Sahne (50 g)

Geräte
Schüssel
Sieb
Zitronenpresse
Teelöffel
Schneidebrett
Küchenmesser
Nusshacker
Sahneschläger
Sahnetopf
Stiel-Teigschaber
2 Kompottschüsselchen

Für dieses Gericht wird der Weizen nicht geschrotet, sondern du lässt ihn keimen. ● Gib den Weizen abends in eine kleine Schüssel, fülle Wasser hinein, und lasse ihn über Nacht einweichen. Am Morgen gießt du den Weizen in ein Sieb, braust ihn unter der Wasserleitung ab und hängst das Sieb zum Abtropfen in die Schüssel. Am Abend gibst du den Weizen wieder mit Wasser in die Schüssel und gießt ihn am nächsten Morgen wieder in das Sieb. Dies machst du 2–3 Tage, bis sich am Weizen kleine Keime zeigen. Wenn sie etwa 3 mm lang sind, kannst du den Weizen verwenden. ● Unter die gekeimten Körner rührst du den ausgepressten Zitronensaft und den Honig. Das Obst schneidest du in kleine Würfel – wie zu einem Obstsalat – und mischst es unter die Körner, ebenso die grob gehackten Nüsse. Verteile dies nun in die 2 Kompottschüsselchen. Schlage die Sahne steif und häufe sie auf das fertige Gericht. ● Das Körnergericht musst du gut kauen. Wenn du Obst- und Nussarten wechselst, schmeckt es immer wieder anders.

Das Frischkorngericht aus Hafer ❋
(für 2 Personen)

Mahle den Hafer in der Getreidemühle zu frischen Flocken. Du wählst die Mühleneinstellung mittelfein bis grob und gibst den Hafer esslöffelweise in die Mühle, damit das Mahlwerk nicht verklebt. ● Du wäschst das Obst und bereitest es zum Schneiden vor, z. B. entkernst du Kirschen oder Zwetschgen, schälst Orangen oder Bananen, halbierst Äpfel oder Birnen. Anschließend das Obst in kleine Würfelchen oder Stückchen schneiden und diese in 2 Kompottschälchen verteilen. ● Mit dem Nusshacker hackst du auf dem Schneidebrett die Nüsse und streust sie über das Obst. ● Nun kann sich jeder die frisch gemahlenen Haferflocken über das Obst streuen.

Zutaten
4–5 EL Hafer (Nackt- oder Spießkornhafer)
400 g reifes Obst der Jahreszeit
2 EL gehackte Nüsse z. B. Wal- oder Haselnüsse, Mandeln

Geräte
Getreidemühle
kleine Schüssel
Esslöffel
Schneidebrett
Küchenmesser
Nusshacker
2 Kompottschälchen

Frischkorngericht

Frischkornfrühstück nach Schweizer Art ❊

(für 2 Personen)

Zutaten
*4–5 EL Hafer (Nackt- oder Spießkornhafer)
knapp 1/4 l Wasser
1 TL Honig
1 EL Zitronensaft
2 Äpfel (300 g)
1 Banane
2 EL gehackte Nüsse z. B. Wal- oder Haselnüsse, Mandeln*

Geräte
*Getreidemühle
kleine Schüssel
Messbecher
Teelöffel
Esslöffel
Küchenmesser
Zitronenpresse
Rohkostreibe
Teller
Gabel
Nusshacker
Schneidebrett
2 Kompottschälchen*

Mahle den Hafer in der Getreidemühle zu frischen Flocken. Du wählst die Mühleneinstellung mittelfein bis grob und lässt den Hafer langsam einlaufen. Mit Wasser, Honig und Zitronensaft in einer kleinen Schüssel verrührt, lässt du ihn ca. 30 Minuten quellen. ● Die Rohkostreibe legst du gleich über die Schüssel, reibst die geviertelten Äpfel direkt hinein und hebst sie unter den Haferbrei. Die Banane zerdrückst du mit einer Gabel auf einem Teller zu Mus und hebst dieses ebenfalls unter den Brei. Verteile ihn nun in 2 Kompottschälchen. Die Nüsse hackst du mit dem Nusshacker auf einem Schneidebrett und streust sie über das Gericht. ● Es schmeckt fein und bringt Abwechslung beim Frischkornfrühstück.

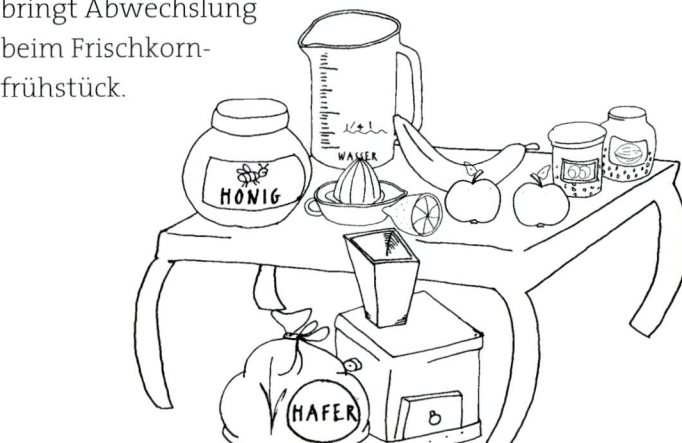

Salat, Salat ...
vor jedem Essen Salat

Salate

Blumenkohlsalat
(für 2 Personen)

Zutaten
1 kleiner Blumenkohl
Kräutersalz
1/2 Bund Schnittlauch oder Dill oder Petersilie
2 EL Sonnenblumenöl, kaltgepresst
1 Tomate

Geräte
Küchenmesser
Gurkenhobel
Salatschüssel
Salatbesteck
Schneidebrett
Esslöffel
2 Salatteller

Schneide vom Blumenkohl die grünen Blätter ab, jedoch nicht den Strunk, und wasche ihn gut unter fließendem Wasser. ● Mit einem Gurkenhobel hobelst du die Röschen in eine Schüssel. Dabei hältst du den Blumenkohl am Strunk fest. Den letzten harten Teil vom Strunk hobelst du nicht mit, er kommt zum Abfall. ● Nun streust du ganz fein etwas Kräutersalz über den Blumenkohl und vermischst alles gut mit dem Salatbesteck. Jetzt muss der Salat 5–10 Minuten ziehen. ● Du schneidest inzwischen den gewaschenen Schnittlauch ganz fein, gibst ihn über den Blumenkohl, ebenso das Öl, und vermengst alles gut. ● Den fertigen Salat verteilst du auf 2 kleinen Tellern und verzierst ihn mit Tomatenscheiben.

Bunter Wintersalat ✽

(Für 2 Personen)

Chicorée und Radicchio äußerlich waschen, beide der Länge nach halbieren und in dünne Streifen schneiden. Feldsalat sehr gründlich (3- bis 4 mal) im Spülbecken waschen und in einem Sieb abtropfen lassen. ● Essig, Öl, Salz, Senf und klein geschnittene Zwiebel mit dem Schneebesen cremig rühren. Banane mit der Gabel in einem Teller zerdrücken, musig schlagen und zur Salatsauce rühren. Den vorbereiteten Salat dazugeben und alles gut mischen.

Zutaten
1 mittelgroße Chicorée (150 g)
1 kleine Staude Radicchio (50 g)
1 Hand voll Feldsalat (Rapunzel)
2 EL Obstessig
2 EL Olivenöl, kaltgepresst
2 MS Vollmeersalz
1 Tl körniger Senf
1 kleine Zwiebel
1 Banane

Geräte
Salatschüssel
Küchenmesser
Schneidebrett
Salatsieb
Esslöffel
Teelöffel
kleiner Schneebesen
Gabel
Teller
Salatbesteck

Salate

Chicoréesalat ❋
(für 2 Personen)

Zutaten
1 EL Obstessig
2 EL Sonnenblumen-
öl, kaltgepresst
1 MS Vollmeersalz
1/2 Bund Petersilie
150 g Chicorée
1 Apfel
1 Orange
1 Banane

Geräte
Esslöffel
Salatschüssel
Schneebesen
Schneidebrett
Küchenmesser
Salatbesteck

Rühre in einer Salatschüssel Obstessig und Sonnenblumenöl cremig, gib Vollmeersalz und die fein geschnittene Petersilie dazu. ● Chicorée und Apfel äußerlich waschen, die Chicorée in 1 cm dicke Scheiben schneiden (auch den leicht bitteren Strunk mitschneiden), den Apfel vierteln, Kernhaus herausschneiden und den Apfel würfeln. Orange und Banane schälen, die Orange fein würfeln und die Banane scheibeln. ● Alles in die Salatsauce geben und mischen.

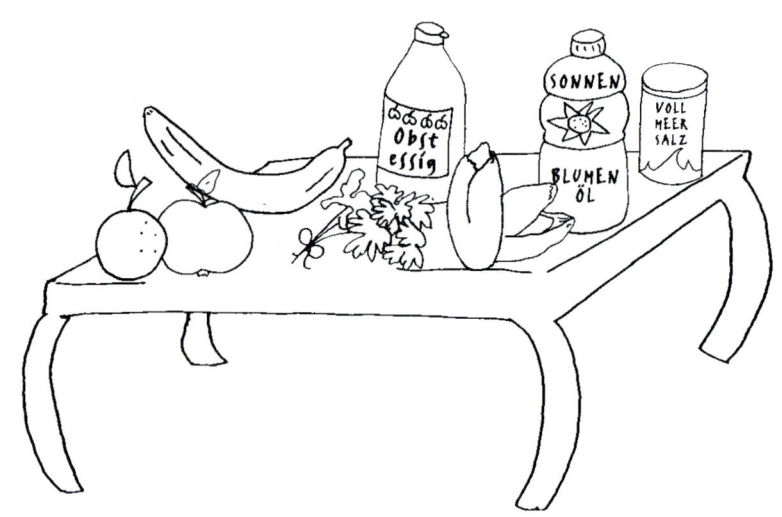

Endiviensalat mit Apfel ✤
(für 2 Personen)

Teile die Endivienstaude vom Strunk aus in 4 Teile und tauche sie immer wieder im Wasserbecken zur Säuberung unter, dann lasse sie abtropfen. ● Schneide die Zwiebel in kleine Würfelchen und salze sie in der Salatschüssel. Den Apfel viertelst du, schneidest ihn ebenfalls in kleine Würfelchen und gibst diese in die Schüssel. Nun legst du nach und nach ein Viertel des Salats auf das Schneidebrett, hältst ihn mit einer Hand fest und schneidest den Strunk ab, den du wegwirfst. Dann schneidest du den Salat so fein wie du kannst in Streifen, und das geht so: Salat immer mit einer Hand festhalten, schneiden und wieder zurückgreifen. Geschnittenen Salat in die Schüssel geben, Sonnenblumenkerne, Obstessig und Öl darüber geben und alles gut mischen.

Zutaten
1 kleine Endivien-
staude
1 kleine Zwiebel
2 MS Vollmeersalz
1–2 Äpfel
2 EL Sonnenblumen-
kerne
2 EL Obstessig
2 EL Sonnenblumen-
öl, kaltgepresst

Geräte
Schneidebrett
Messer
Salatschüssel
Esslöffel
Salatbesteck

Salate

Fenchel-Orange*
(für 2 Personen)

Du wäschst den Fenchel, schneidest die Strünke ab und legst das Fenchelgrün beiseite. Auf einem Schneidebrett schneidest du ihn senkrecht in 6 Scheiben und legst sie auf einen Teller. Beträufle die Fenchelscheiben mit dem Zitronensaft. Nun schälst du die Orange, schneidest sie quer in 1 cm dicke Scheiben und legst diese auf die Fenchelscheiben. ● In einem tiefen Teller zerdrückst du mit der Gabel den Frischkäse und vermischst ihn mit Sauerrahm zu einer sahnigen Creme. Die Walnusskerne schneidest du mit dem Küchenmesser klein, ebenso Dill und Fenchelgrün. Mische alles unter die Frischkäsecreme und verteile sie mit einem Teelöffel in der Mitte der Orangenscheibe.

❀ *Verwende statt Doppelrahm-Frischkäse Crème fraîche*

Zutaten
1 kleine Knolle Fenchel (250 g)
1 EL Zitronensaft
1 große Orange oder 2 kleine
60 g Doppelrahm-Frischkäse
2 EL Sauerrahm
2 EL Walnusskerne
1 EL Dill
1 EL Fenchelgrün

Geräte
Küchenmesser
Schneidebrett
Teller
Esslöffel
tiefer Teller
Gabel
Teelöffel

Fenchelsalat mit Grapefruit*

(für 2 Personen)

Verrühre in einer Salatschüssel mit einem Schneebesen den Sauerrahm mit Vollmeersalz, Kräutersenf und dem fein gehackten Fenchelgrün. ● Schneide von der Fenchelknolle die Strünke und auch etwas vom Boden ab und wasche sie. Schneide sie in 4 Teile und schneide jedes Teil in ganz feine Scheiben. ● Schäle die Grapefruit ab, zerschneide sie mit dem Messer in kleine Rippen, entferne die Kerne und würfle das Fruchtfleisch. ● Gib die Fenchelscheiben und die Grapefruitwürfel in die Salatsauce und vermische alles.

Zutaten
*1/2 Becher Sauerrahm (100 g)
1 MS Vollmeersalz
1 TL Kräutersenf
250 g Fenchelknollen
1 Grapefruit (rot)*

Geräte
*Salatschüssel
Schneebesen
Messer
Schneidebrett
Salatbesteck
Teelöffel*

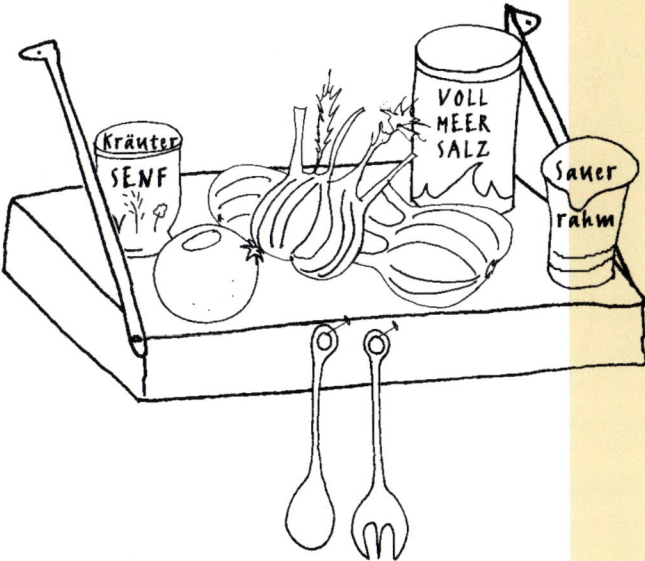

Salate

Frühlingssalat*
(für 2 Personen)

Zutaten
2 Stangen Lauch-
   zwiebeln
2 MS Vollmeersalz
1 Bund Radieschen
1 Bund Eiszapfen
   (weiße, längliche
   Radieschen)
1 Karotte
2 EL Sonnenblumen-
   kerne
2 EL Obstessig
2 EL Sonnenblumen-
   öl, kaltgepresst

Geräte
Salatschüssel
Schneidebrett
Messer
Gemüsehobel
Esslöffel
Salatbesteck

Zuerst wird das Gemüse gewaschen und dann geputzt. Schneide die Zwiebeln mit dem Grün in kleine Ringe, gib sie in die Salatschüssel, bestreue sie mit Salz und mische sie. Die Radieschen werden geviertelt, die Eiszapfen in dickere Scheiben geschnitten und beide in die Schüssel zu den Zwiebeln gegeben. Die Karotte wird fein gehobelt (Vorsicht Finger!) und mit den Sonnenblumenkernen in die Schüssel gegeben. Essig und Öl darübergeben und nun alles gut mischen.

Gemüse- oder Salatdip
(für 2 Personen)

Verrühre in einer kleinen Schüssel mit einem Schneebesen Crème fraîche, Zitronensaft und Salz. Schäle die Zwiebel und reibe sie auf einem feinen Reibeisen dazu. Auf einem Schneidebrett würfelst du die Gurke sehr fein und schneidest die Kresse mit einer Schere ab. Rühre beides unter die Creme und fülle sie in ein kleines Schüsselchen. 🟡 Dazu richtest du verschiedenes Gemüse her: Wasche und putze es sauber, und schneide z. B. Karotten, Gurken und Paprikaschoten in lange Stifte, Tomaten in Achtel, Chicoréeblätter löst du vom Strunk. 🟡 Lege nun alles auf eine Platte, hübsch nach Farben geordnet. 🟡 Dieses Gericht darfst du mit den Fingern essen: Du tauchst die Gemüse- oder Salatstücke einfach in den Dip. Vollkornbrot dazu gereicht, ergibt eine vollständige Mahlzeit.

Zutaten
*100 g Crème fraîche
1 El Zitronensaft
1 MS Kräutersalz
1 kleine Zwiebel
1 kleine eingelegte Gurke
1 Portionsschälchen Kresse (2 EL)
verschiedenes rohes Gemüse oder Salat der Jahreszeit*

Geräte
*Esslöffel
kleine Schüssel
kleiner Schneebesen
Küchenmesser
Zitronenpresse
Reibeisen
Schneidebrett
Schere*

Salate

Gurkensalat

(für 2 Personen)

Wasche die Gurke gut, denn sie wird mit der Schale gehobelt. Nur wenn die Schale nicht mehr zart und frisch ist, schälst du sie mit dem Kartoffelschäler ab.
● Den Dill wäschst du auch und schneidest ihn auf einem Holzteller so fein wie Schnittlauch. ● Verrühre in einer Salatschüssel mit dem Schneebesen Sauerrahm, Salz und den fein geschnittenen Dill. Mit dem Gurkenhobel scheibelst du die Gurke gleich in die Salatschüssel und hebst sie mit einem Salatbesteck unter die Sauce.

Zutaten
1 Gurke (400–500 g)
1/2 Bund Dill oder
 Schnittlauch
100 g Sauerrahm
 (1/2 Becher)
1 MS Kräutersalz

Geräte
Salatschüssel
Schneebesen
Holzteller
Küchenmesser
Kartoffelschäler
Gurkenhobel
Salatbesteck

Grüner Salat in Tomatensauce ❊

(für 2 Personen)

Schneide vom Salat mit einem Messerchen den Strunk ab, sodass sich die Blätter lösen. Wasche die Blätter einzeln unter schwach fließendem Wasser ab, zerreiße sie in kleine Stückchen und lege sie in ein Sieb zum Abtropfen. ● Endiviensalat wird nach dem Waschen nicht zerrissen. Wenn die Blätter abgetropft sind, legst du sie auf ein Schneidebrett, immer einige übereinander, und schneidest sie in feine Streifen. ● Die gewaschenen Tomaten schneidest du in Stücke und gibst sie in den Mixbecher. Dazu gibst du Essig, Öl und Kräutersalz und mixt alles fein mit dem Mixstab oder Mixer. ● Gib den Salat in eine Schüssel, gieße die Tomatensauce darüber und mische ihn mit dem Salatbesteck. Den geschnittenen Schnittlauch darüberstreuen und anrichten.

Zutaten
1/2 Kopfsalat (oder Eissalat oder Endivie)
250 g Tomaten
2 EL Obstessig
2 El Olivenöl, kalt gepresst
2 MS Kräutersalz
1/2 Bund Schnittlauch

Geräte
Küchenmesser
Salatsieb
Schneidebrett
Mixbecher
Esslöffel
Mixer oder Mixstab
Salatschüssel
Salatbesteck

Salate

Italienischer Salat ❊

(für 2 Personen)

Zutaten
1 kleine Salatgurke
  (200 g)
1 gelbe Paprikaschote
1 grüne Paprikaschote
3–4 Tomaten, je nach
  Größe
1 Zwiebel
3 EL Obstessig
3 EL Olivenöl, kalt-
  gepresst
1 TL Senf
1 MS Vollmeersalz
1/2 Bund Schnitt-
  lauch

Geräte
Schneidebrett
Küchenmesser
Kartoffelschäler
Gurkenhobel
Salatschüssel
Schneebesen
Salatbesteck
Teelöffel
Esslöffel

Das Gemüse wird zuerst gewaschen, dann geputzt; die Salatgurke wird nur geschält, wenn die Schale nicht mehr zart ist. ● Die Paprikaschoten werden der Länge nach halbiert. Der Fruchtansatz und die Innenwände mit den Kernen werden herausgeschnitten. Bei den Tomaten den Fruchtansatz herausschneiden und die Zwiebel schälen. ● Nun rührst du Obstessig, Olivenöl, Senf und Vollmeersalz mit dem Schneebesen in einer Salatschüssel cremig. Schneide den Schnittlauch auf einem Schneidebrett fein und rühre ihn unter die Salatsauce. ● Die Gurke hobelst du gleich in die Salatsauce. Die Paprikaschoten schneidest du in feine Streifen und die Tomaten in Achtel. Die Zwiebel schneidest du in kleine Würfelchen und gibst nun alles in die Salatsauce. ● Mit einem Salatbesteck vermischst du alles sorgfältig und lässt den fertigen Salat 10 Minuten durchziehen.

Käsesalat pikant

(für 2 Personen)

In einer Salatschüssel rührst du mit einem Schneebesen Obstessig, Öl, Vollmeersalz und Senf cremig. Die Zwiebel und den Schnittlauch schneidest du fein, die Tomaten und den Käse zerschneidest du in kleine Würfelchen.
● Zwiebel, Schnittlauch, Tomaten und Käse gibst du in die Salatsauce und vermischst alles gut. ● Dazu gibt es Vollkornbrot oder Vollkornbrötchen mit Butter und Buttermilch.

Zutaten
2 EL Obstessig
2 EL kaltgepresstes Öl
1 MS Vollmeersalz
1 TL Senf
1 kleine Zwiebel
1/2 Bund Schnittlauch
2 Tomaten (200 g)
125 g Limburger Käse (40 %) oder Harzer Handkäse

Geräte
Salatschüssel
Esslöffel
Teelöffel
Schneebesen
Schneidebrett
Küchenmesser
Tomatenmesser
Salatbesteck

Salate

Karottensalat

(für 2 Personen)

Zutaten
2 große Karotten
2 EL Sonnenblumenkerne
1 EL Sonnenblumenöl, kaltgepresst
1/2 Zitrone, unbehandelt
2 Blätter grüner Salat

Geräte
Gemüsebürste
Kartoffelschäler
Küchenmesser
Rohkostraffel, fein
Salatschüssel
Esslöffel
Zitronenpresse
Salatbesteck
2 Salatteller

Die Karotten bürstest du sauber unter fließendem Wasser. Wenn die Schale alt und unansehnlich ist, schälst du die Karotten mit dem Kartoffelschäler. ● Schneide das obere und untere Ende mit dem Messer ab und reibe die Karotten auf einer Raffel in eine Schüssel. Dann streust du die Sonnenblumenkerne darüber, gibst Öl und 1 Esslöffel Zitronensaft dazu und vermengst alles gut. ● Lege nun die gewaschenen Salatblätter auf die Teller, häufe den Karottensalat darauf und serviere ihn gleich.

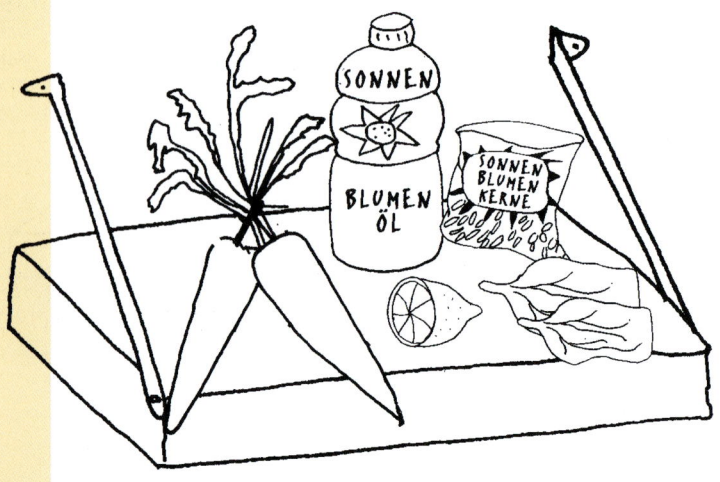

Rapunzelsalat *

(für 2 Personen)

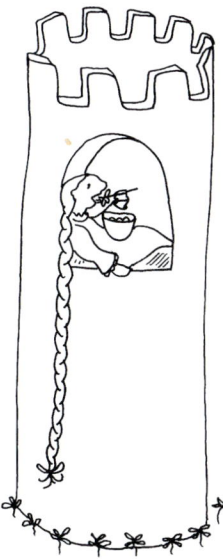

Die Rapunzel musst du sehr gründlich waschen: Lass dazu Wasser in ein Spülbecken, gib die Rapunzel dazu, welke Blättchen entfernen, und bewege sie gut hin und her. Dann hebst du sie aus dem Wasser in ein Salatsieb. Dies musst du 3- bis 4 mal mit frischem Wasser wiederholen. ● Wasche die Radieschen unter leicht fließendem Wasser und schneide Blätter und Wurzeln ab. ● In einer Salatschüssel rührst du mit einem Schneebesen Öl und Essig cremig und rührst weiter Senf, Vollmeersalz und Honig dazu. ● Schneide die Radieschen in feinen Scheiben in die Salatsauce, gib die gut abgetropften Rapunzel dazu und vermische beides mit einem Salatbesteck. ● Verteile den Salat in 2 Glasschüsselchen.

Zutaten
100 g Rapunzel (Feldsalat)
1 Bund Radieschen
3 El Olivenöl, kaltgepresst
2 El Obstessig
1 TL Senf
1 MS Vollmeersalz
1/2 Tl Honig

Geräte
Salatsieb
Küchenmesser
Salatschüssel
Esslöffel
kleiner Schneebesen
Teelöffel
Salatbesteck
2 Glasschüsselchen

Salate

Rettichsalat ❋

(für 2 Personen)

Zutaten
1 großer Rettich
1 EL kaltgepresstes Öl
2 MS Kräutersalz
1 Bund Schnittlauch
   oder Kresse

Geräte
Gemüsebürste
Küchenmesser
Kartoffelschäler
Salatschüssel
Gurkenhobel
Salatbesteck
Schneidebrett
Esslöffel

Wasche und bürste den Rettich gut. Wenn er frisch und zart ist, brauchst du ihn nicht abzuschälen. Sonst schälst du ihn mit dem Kartoffelschäler ab. Das obere dicke Ende schneidest du ab. Stelle den Gurkenhobel in die Salatschüssel und hobele den Rettich. Am unteren Ende schneidest du nichts ab, weil du ihn daran gut halten kannst. ● Dann gibst du Öl und Salz darüber und vermischst alles gut. Durch das Öl verschwindet die Schärfe des Rettichs.

● Schneide Schnittlauch oder Kresse fein und streue sie darüber.

● Dieser Salat passt besonders gut zu Vollkornbrot, Butter und Käse.

Sauerkrautsalat*

(Für 2 Personen)

Schneide auf einem Schneidebrett das Sauerkraut klein. ● Würfle die Gurke und den Apfel und schneide die Zwiebel fein. ● Gib alles in eine Salatschüssel, gib Sonnenblumenöl und Kümmel dazu und vermische alles gut. ● Lasse den Salat 15 Minuten durchziehen.

Zutaten
250 g Sauerkraut,
   roh, unpasteurisiert
1 saure Gurke
1 rotbackiger Apfel
1 kleine Zwiebel
3 El Sonnenblumenöl,
   kaltgepresst
1/2 Tl Kümmel

Geräte
Schneidebrett
Küchenmesser
Salatschüssel
Esslöffel
Salatbesteck
Teelöffel

Salate

Sauerkrautsalat mit Karotten ❀
(für 2 Personen)

Auf einem Holzteller schneidest du das Sauerkraut einige Male durch, damit es nicht so lange Fasern ergibt, und gibst es dann in eine Salatschüssel. ● Den Apfel halbierst du und würfelst ihn klein. Die Karotte bürstest du sauber und raspelst sie mit einer Rohkostraffel zum Sauerkraut. Den gewaschenen Schnittlauch schneidest du fein und gibst ihn zum Salat, ebenso Olivenöl und Kümmel. ● Mit einem Salatbesteck mischst du den Salat gut.

Zutaten
250 g rohes Sauerkraut, unpasteurisiert
1 Apfel, mittelgroß
1 Karotte, mittelgroß
1/2 Bund Schnittlauch
2 EL Olivenöl, kaltgepresst
1 TL Kümmel

Geräte
Holzteller
Küchenmesser
Salatschüssel
Bürste
Rohkostraffel
Esslöffel
Teelöffel
Salatbesteck

Selleriesalat❃

(für 2 Personen)

Verrühre mit einem Schneebesen den Sauerrahm mit Zitronensaft, Vollmeersalz, Salatkräutern und dem fein geschnittenen Schnittlauch. ● Mit einem Küchenmesser schälst du den Sellerie, wiegst ihn dann ab und reibst ihn mit einer Raffel in die Salatsauce. Den Apfel viertelst du und würfelst ihn. Die Orange schälen und ebenso würfeln und mit dem Apfel und Sellerie gut in die Salatsauce mischen. ● In Glasschälchen verteilen und mit Walnusskernen bestreuen.

Zutaten
1/2 Becher Sauerrahm (100 g)
Saft von 1/2 Zitrone, unbehandelt
1 MS Vollmeersalz
1 TL getrocknete Salatkräuter
1/2 Bund Schnittlauch oder Dill
150 g Sellerie
1 Apfel
1 Orange
2 EL Walnusskerne

Geräte
Salatschüssel
Schneebesen
Küchenmesser
Zitronenpresse
Rohkostraffel
Schneidebrett
Esslöffel
Teelöffel

Salate

Tomate gefüllt*
(für 2 Personen)

Wasche die Tomaten und schneide die obere Kappe weg. Mit einem Teelöffel holst du vorsichtig das Innere der Tomate heraus, so, dass du möglichst kein Loch in den Tomatenboden bohrst. ● Das Tomateninnere schneidest du klein und gibst es in eine Schüssel. Dazu gibst du Essig, Öl, Kräutersalz, schneidest Zwiebel und Schnittlauch fein und würfelst den Emmentaler. Vermische alles und fülle es in die ausgehöhlten Tomaten. Lege wieder die Kappen auf die Tomaten und stelle sie auf einen Teller, der mit Salatblättern belegt ist. ● Die gefüllten Tomaten schmecken zu Vollkornbrot mit Butter, zu Pellkartoffeln (siehe S. 107) oder Backkartoffeln (siehe S. 82) gut.

* *Verwende statt Käse 1 gelbe Paprikaschote, gewürfelt.*

Zutaten
4 Tomaten, ca. 400 g
1 TL Obstessig
1 TL kaltgepresstes Öl
1 MS Kräutersalz
1 kleine Zwiebel
1/2 Bund Schnittlauch
100 g Emmentaler im Ganzen
4 Blätter grüner Salat

Geräte
Schneidebrett
Tomatenmesser
Teelöffel
Schüssel
Küchenmesser
Esslöffel
2 Salatteller

Tomatenkörbchen *

Wasche die Tomaten und die Petersilie. Stelle die Tomaten so hin, dass der Fruchtansatz unten ist. Schneide die Tomaten mit einem gezackten Messer rechts und links der Mitte ein, sodass ca. 1 cm stehen bleibt als Henkel. Du schneidest also von oben bis zur Tomatenmitte und dann von rechts und links bis zu dem Schnitt von oben. ● Nimm die 2 Tomatenachtel weg und du hast ein Körbchen. Streue etwas Kräutersalz darauf. Den Petersilienstiel kürzt du bis auf 2 cm und steckst die kleinen Sträußchen in das Körbchen, rechts und links vom Henkel.
● Das Tomatenkörbchen kannst du auf jede Salatplatte oder Käseplatte stellen, wenn du sie besonders schön anrichten willst.

Zutaten
2 Tomaten
Kräuselpetersilie
Kräutersalz

Geräte
Tomatenmesser
Schneidebrett

Salate

Tomatensalat ❊
(für 2 Personen)

Zutaten
*2 EL Olivenöl, kalt-
 gepresst
2 EL Obstessig
1 kleine Zwiebel
1/2 Bund Schnitt-
 lauch
1 MS Vollmeersalz
400 g kleine Toma-
 ten*

Geräte
*Salatschüssel
Schneebesen
Esslöffel
Schneidebrett
Küchenmesser
Tomatenmesser
Salatbesteck*

Rühre in einer Salatschüssel das Öl und den Essig mit einem Schneebesen cremig. ● Schneide die Zwiebel sehr klein, den Schnittlauch sehr fein, gib beides mit dem Vollmeersalz in die Salatsauce und verrühre es darin. ● Wasche nun die Tomaten und schneide sie mit einem gezackten Messer in dünne Scheiben. Den Fruchtansatz schneidest du heraus. ● Gib die Tomaten in die Salatsauce und mische sie behutsam darunter. Lasse den Salat 10 Minuten ziehen und richte ihn dann in kleinen Salatschüsseln an.

Türkischer Bohnensalat ❋
(für 2 Personen)

Weiche die Bohnen 8–12 Stunden oder über Nacht in Wasser ein und koche sie am nächsten Tag im Einweichwasser ohne Salz. Wenn sie kochen, stellst du die Hitze kleiner und lässt sie eine 3/4 Stunde leicht weiterkochen. Das Kochwasser ist danach fast aufgebraucht. Versuche eine Bohne, ob sie weich ist. Stelle dann den Topf beiseite zum Auskühlen.
● In einer Salatschüssel rührst du mit einem Schneebesen Öl und Essig cremig, anschließend rührst du Kräutersalz und Pfeffer dazu. Die Zwiebel schälst du und schneidest sie in feine Würfelchen. Das frische Bohnenkraut, Paprika und den Schnittlauch waschen. Das Bohnenkraut schneidest du fein, harte Stiele nicht verwenden. Die Paprikaschote schneidest du der Länge nach durch und entfernst Stiel und Rippen. Schneide schmale Streifen und dann Würfelchen. Den Schnittlauch ebenso fein schneiden. ● Gib nun alles, Zwiebel, Bohnenkraut, Paprika, Schnittlauch und die abgekühlten Bohnen, zur Salatsauce und vermische alles gut. Lasse den Salat 1 Stunde durchziehen. ● Er passt als Beilage zu Frikadellen, Reis, Bratkartoffeln oder zu Vollkornbrot und Butter.

Zutaten
125 g kleine weiße Bohnen
1/2 l Wasser
3 EL Olivenöl, kaltgepresst
2 EL Obstessig
2 MS Kräutersalz
1 Prise Pfeffer
1 kleine Zwiebel
1 TL Bohnenkraut, frisch oder getrocknet
1 rote Paprikaschote
1/2 Bund Schnittlauch

Geräte
kleiner Kochtopf
Messbecher
Salatschüssel
Esslöffel
kleiner Schneebesen
Pfeffermühle
Küchenmesser
Schneidebrett
Salatbesteck
Teelöffel

Salate

Weiß-grüner Salat mit Mandelsauce*

Zutaten
1/4–1/2 Kopf Endivie, je nach Größe
200 g Gurken
200 g weißer Rettich
200 g grüne Paprikaschoten
200 g Dickmilch, möglichst aus Rohmilch hergestellt
2 EL Olivenöl, kaltgepresst
Saft von 1/2 Zitrone, unbehandelt
2 EL Mandeln
2 MS Kräutersalz
1/2 TL Honig
2 EL Petersilie

Geräte
Küchenmesser
Schneidebrett
Salatschüssel
grobe Rohkostreibe
Salatbesteck
kleine Schüssel
Schneebesen
Esslöffel
Zitronenpresse
Nussreibe
Teelöffel
Sauciere

Halbiere den Salatkopf vom Strunk her und wasche ihn 2- bis 3 mal in Wasser. Lege ihn auf ein Schneidebrett, schneide zuerst den Strunk ab und schneide dann den Salat in feine Streifen. Das übrige Gemüse wird ebenfalls sauber gewaschen. Die Gurke verwendest du mit der Schale, viertelst sie der Länge nach und schneidest sie danach in 1/2 cm breite Stücke. Der Rettich wird mit der Schale grob geraspelt. Die Paprikaschote halbierst du, entfernst Stiel und Kerne und schneidest sie in feine Streifen. Das so vorbereitete Gemüse gibst du in eine Salatschüssel und mischst es gut durch. ● Für die Sauce verrührst du die Dickmilch mit Öl, Zitronensaft, fein geriebenen Mandeln, Salz, Honig und fein geschnittener Petersilie. Fülle sie in eine Sauciere und reiche sie zum Salat.

Verwende statt Dickmilch mit Öl 200 g Sauerrahm

Weißkrautsalat*
(für 2 Personen)

Zutaten
1 Joghurt (natur)
2 EL Obstessig
4 EL Olivenöl, kaltgepresst
1/2 TL Vollmeersalz
1 TL Kräutersenf
1/2 Bund Petersilie
200 g Weißkraut
200 g Äpfel
200 g Orangen

Geräte
Salatschüssel
Schneebesen
Esslöffel
Teelöffel
Schneidebrett
Küchenmesser
Gurkenhobel oder
Rohkostmaschine
Salatbesteck

In einer Salatschüssel verrührst du Joghurt, Obstessig, Olivenöl, Vollmeersalz, Kräutersenf und die fein gehackte Petersilie mit einem Schneebesen. ● Vom Weißkraut schneidest du die äußeren Blätter ab, halbierst es und hobelst es bis zum Strunk mit einem Gurkenhobel (oder mit der Rohkostmaschine/Schneidetrommel) in die Salatschüssel. ● Die Äpfel viertelst du und würfelst sie, ebenso die abgeschälten Orangen. Nun gibst du alles zur Salatsauce und vermischst es gut.

❀ *Verwende statt Joghurt und Öl 200 g Sauerrahm.*

Salate

Wirsingsalat mit Birnen
(für 2 Personen)

Zutaten
2 EL Obstessig
4 EL Olivenöl, kaltgepresst
1 kleine Zwiebel
1 TL Senf
1 MS Vollmeersalz
1 TL frische oder getrocknete Salatkräuter
200 g Wirsing
200 g Birnen
1 Apfel

Geräte
Salatschüssel
Schneebesen
Schneidebrett
Küchenmesser
Salatbesteck
Salatteller
Rohkostmaschine mit grober Trommel
Esslöffel
Teelöffel

In einer Salatschüssel rührst du Obstessig und Olivenöl mit einem Schneebesen cremig, gibst die fein geschnittene Zwiebel, Senf, Vollmeersatz und die Salatkräuter dazu. ● Vom Wirsing verwendest du zum Salat nur die hellen, inneren Teile. Diese schneidest du ganz fein, ebenso die Birnen. Wenn du eine Rohkostmaschine hast, kannst du beides durch die grobe Trommel oder große Lochscheibe lassen. Gib es nun in die Salatsauce und vermische es gut. ● Verteile den Salat auf Salattellern und verziere ihn mit fein aufgeschnittenen Apfelschnitzen, die du im Kreis auf den Salat legst.

Suppen schmecken im Sommer und im Winter

Suppen

Gelbe Erbsensuppe*
(für 2 Personen)

Zutaten
200 g halbe gelbe
   Erbsen
3/4 l Wasser
1 gehäufter TL
   gekörnte Hefe-
   brühe
1 gehäufter TL
   Gemüsebrühepaste
1 gehäufter TL
   Majoran,
   getrocknet
1 TL Sojasauce
1 Scheibe Butter

Geräte
Messbecher
kleiner, hoher
   Kochtopf
Mixstab oder
   Sieb und Holz-
   stampfer
Teelöffel
Kochlöffel
Küchenmesser
Suppenschüssel

Weiche die Erbsen im Kochtopf 8–12 Stunden oder über Nacht in Wasser ein. Am nächsten Tag stellst du sie im Einweichwasser ohne Salz zum Kochen auf. Wenn sie kochen, stelle die Hitze klein und lasse sie 1 Stunde leicht kochen. Sie laufen gerne über, lass deshalb den Deckel einen Spalt offen. ● Mixe nun die Erbsen mit einem Mixstab fein oder passiere (Drücken und Rühren mit einem Holzstampfer) sie durch ein Sieb.
● Gib nun gekörnte Hefebrühe, Gemüsebrühepaste, Majoran und Sojasauce dazu und verrühre alles gut. Gieße sie nun in eine Suppenschüssel, lass ein Stückchen Butter darin zerlaufen und serviere sie. ● Dazu passt sehr gut ein selbst gebackenes Fladenbrot.

Grießnockerlsuppe
(für 2 Personen)

Zuerst machst du den Nockerlteig. Das geht so: ● Rühre mit einem kleinen Schneebesen die Butter glatt, rühre Ei, Vollmeersalz und den Grieß darunter. ● Stelle nun das Wasser auf den Herd, gib die Gemüsebrühepaste und gekörnte Hefebrühe dazu. Wenn die Brühe kocht, tauchst du einen Teelöffel hinein und stichst damit von dem Grießteig ein Nockerl nach dem andern ab und tauchst ihn immer wieder in die Brühe. Das Nockerl geht, wenn der Löffel vorher in die Brühe getaucht wurde, von selbst herunter. ● Die Suppe muss nun 10 Minuten leicht kochen. Dann nimmst du sie von der Kochstelle, bestreust sie mit fein gehackter Petersilie und teilst sie aus.

Zutaten
40 g Butter
1 Ei
1/2 TL Vollmeersalz
75 g Vollkorngrieß
3/4 l Wasser
1 gehäufter TL
   Gemüsebrühepaste
1 gehäufter TL
   gekörnte Hefebrühe
1/2 Bund Petersilie

Geräte
Rührschüssel
Schneebesen
Teelöffel
Messbecher
kleiner Kochtopf
Schneidebrett
Küchenmesser
Wiegemesser

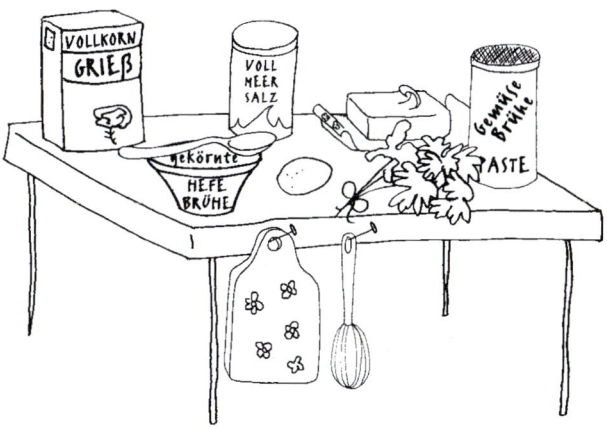

Suppen

Grießsuppe
(für 2 Personen)

Zutaten
1/2 l Wasser
2 TL Gemüsebrühe-
   paste
2 gehäufte EL Voll-
   korngrieß
1 kleines Ei
1/2 Bund Schnitt-
   lauch

Geräte
Messbecher
kleiner Kochtopf
Tasse
Esslöffel
Teelöffel
Schneebesen
Gabel
Schneidebrett
Küchenmesser

Stelle das Wasser im Kochtopf auf den Herd und gib die Gemüsebrühepaste dazu. Wenn es kocht, rührst du mit einem Schneebesen ständig um und lässt mit der anderen Hand den Grieß, den du in eine Tasse getan hast, hineinlaufen. Bei kleiner Hitze lässt du die Suppe 3 Minuten kochen. Dann stellst du sie mit Topflappen beiseite und lässt sie 3 Minuten quellen. ● Das Ei gibst du in eine Tasse und schlägst es mit der Gabel gut durch. Auf einem Schneidebrett schneidest du den gewaschenen Schnittlauch fein. Unter Rühren gießt du nun das Ei zur Suppe, gibst den Schnittlauch dazu und servierst sie gleich.

Grünkernsuppe mit Goldwürfeln

(für 2 Personen)

Zuerst bereitest du die Goldwürfel zu: Schneide auf einem Schneidebrett die Brötchen in dünne Scheiben auf, 1/2 cm, dann würfelst du diese. In einem Suppenteller schlägst du das Ei mit Milch und Salz gut mit einer Gabel durch. In diese Eiersauce gibst du die Brotwürfel und wendest sie darin um, dass das Ei in die Würfel zieht. In einer Pfanne machst du Butter heiß, gibst die Würfel dazu und wendest sie ständig mit 2 Gabeln um. Beim Gasherd auf kleine Flamme zurückdrehen, beim Elektroherd die Platte ausmachen. Wenn sie rundum schön gebacken sind, stellst du sie beiseite. ● Nun zur Suppe: Mahle den Grünkern mit der Getreidemühle mehlfein. In einen kleinen Topf gibst du das Wasser, verrührst mit einem Schneebesen darin den gemahlenen Grünkern und stellst ihn zum Kochen auf den Herd. Rühre dabei öfters um und lasse die Suppe 1 Minute kochen. Nimm sie mit Topflappen vorsichtig weg und rühre gekörnte Hefebrühe, Salz und Sojasauce dazu. Schneide auch den gewaschenen Schnittlauch fein. ● Gib nun die Suppe in 2 Teller, verteile die Goldwürfel und den Schnittlauch darauf und lade zum Essen ein.

Zutaten
1–1 1/2 Vollkornbrötchen, 1–2 Tage alt
1 kleines Ei
1 EL Milch
1 MS Vollmeersalz
10 g Butter
50 g Grünkern
gut 1/2 l Wasser
1 TL gekörnte Hefebrühe
1/2 TL Vollmeersalz
1 EL Sojasauce
1/2 Bund Schnittlauch

Geräte
Schneidebrett
Küchenmesser
Suppenteller
2 Gabeln
Pfanne
kleiner Suppentopf
Messbecher
Getreidemühle
Schneebesen
Kochlöffel
Teelöffel
Esslöffel
Suppenschöpfer
2 Suppenteller

Suppen

Kalte Gurkensuppe*
(für 2 Personen)

Zutaten
1/2 l Dickmilch, möglichst aus Rohmilch hergestellt
1 EL Olivenöl, kaltgepresst
1/2 TL Vollmeersalz
1/2 Bund Dill
1 Knoblauchzehe
1 kleine Salatgurke (ca. 300 g)
2 EL Walnusskerne

Geräte
Schüssel
Messbecher
Schneebesen
Esslöffel
Teelöffel
Schneidebrett
Küchenmesser
Gemüsebürste
Rohkostraffel
2 Suppenteller
Schöpflöffel

Verrühre in einer Schüssel mit einem Schneebesen die Dickmilch mit Öl und Vollmeersalz. Wasche den Dill und schäle die Knoblauchzehe, schneide beides ganz fein und rühre es anschließend in die Dickmilch. ● Die Salatgurke bürstest du gründlich unter leicht fließendem Wasser ab und reibst sie, mit der Schale, auf einer Rohkostraffel in die Dickmilch. Verrühre sie mit einem Löffel und verteile nun die fertige Suppe in 2 Teller, zerbröckele die Walnusskerne und streue sie über die Suppe. ● Dazu schmeckt Vollkornbrot mit Butter sehr gut. In der heißen Jahreszeit ist dies ein Mittag- oder Abendessen.

❀ *Verwende statt Dickmilch mit Öl 250 g Sauerrahm*

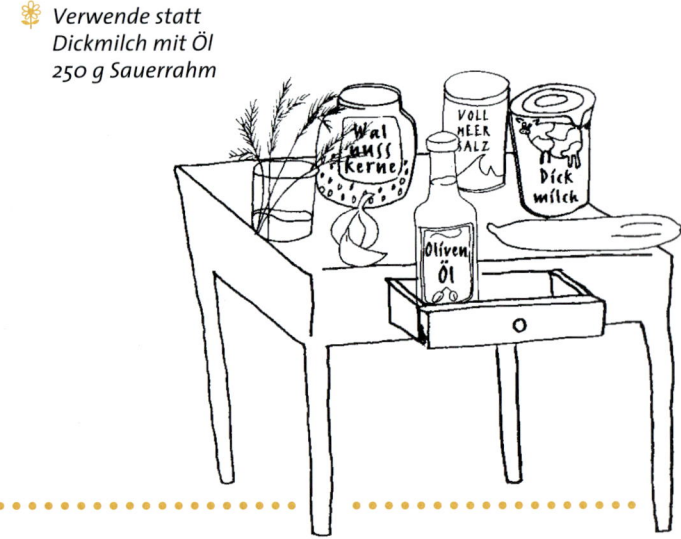

Kalte Tomatensuppe für heiße Tage

(für 2 Personen)

Wasche die Tomaten und die Paprika und schneide sie in grobe Stücke. Bei den Tomaten den Stielansatz und bei der Paprikaschote das Innere herausschneiden. ● Die Zwiebel schälen und auch grob schneiden. Mixe in einem Mixbecher oder mit einem Mixstab in einem schmalen, hohen Becher nun Tomaten, Paprika, Zwiebel, Vollmeersalz und Sauerrahm fein. In breite Gläser füllen, mit gehackter Petersilie bestreuen und mit einem Teelöffel servieren. ● Die kalte Tomatensuppe ist eine feine Vorspeise, mittags, abends oder als Zwischenmahlzeit.

Zutaten
250 g Tomaten
1 kleine grüne Paprikaschote
1 kleine Zwiebel, ca. 1 TL
2 MS Vollmeersalz
1 EL Sauerrahm
1 TL feingehackte Petersilie

Geräte
Schneidebrett
Küchenmesser
Tomatenmesser
Mixbecher
Mixgerät
Esslöffel
Teelöffel
2 breite Gläser

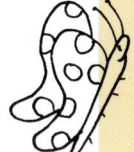

Suppen

Nudelsuppe
(für 2 Personen)

Zutaten
2 TL Gemüsebrühepaste
1/2 l Wasser
50 g Vollkornsuppennudeln (feine Schnittnudeln)
2 kleine Eckchen Butter
1/2 Bund Schnittlauch

Geräte
Messbecher
kleiner Topf
Teelöffel
Kochlöffel
Küchenmesser
Suppenschöpfer

Gib die Gemüsebrühepaste in das Wasser, stelle es auf den Herd und schütte, wenn es kocht, die Nudeln hinein. Rühre mit dem Kochlöffel um und lasse die Suppe 5 Minuten bei kleiner Hitze kochen und 5 Minuten quellen. ● Mit einem Schöpfer verteilst du die Suppe in Teller, gibst ein kleines Eckchen Butter und fein geschnittenen Schnittlauch dazu. ● Besonders gut schmeckt die Nudelsuppe, wenn du 1 Tasse geputztes, fein geschnittenes Gemüse (z. B. Erbsen, Bohnen, Karotten, Blumenkohl) dazugibst. Koche dies 5 Minuten und gib dann wie beschrieben die Nudeln dazu.

Seeräubersuppe ✼
(für 2 Personen)

Verrühre in einem kleinen Kochtopf Wasser mit Salz, Gemüsebrühepaste, gekörnter Hefebrühe und Majoran. Wasche und bürste Gemüse und Kartoffeln sauber und reibe sie mit der Schale auf der Rohkostraffel in das Wasser. Den Lauch schneidest du so klein wie Zwiebeln für den Salat und gibst ihn auch hinein. ● Nun stellst du alles im Topf auf den Herd bei großer Hitze, drehst, wenn es kocht, die Temperatur zurück und lässt es 15–20 Minuten leicht kochen. Ab und zu rührst du um. ● Das Vollkornbrot schneidest du in kleine Würfel und röstest diese in Butter in einer Pfanne leicht an. (Herdeinstellung z. B. 2, wenn 3 die höchste ist; bei Gas zwischen großer und kleiner Flamme). Mit 2 Gabeln wendest du die Brotwürfel ständig (ca. 5 Minuten), damit sie allseitig knusprig sind. ● In die fertige Suppe gibst du die Brotwürfel, und dann beginnt das Schmausen.

Zutaten
1/2 l Wasser
1/2 TL Vollmeersalz
1/2 TL Gemüsebrühepaste
1 TL gekörnte Hefebrühe
1/2 TL Majoran
1 kleiner Bund Suppengrün (75 g) Karotten, Lauch, Sellerie
2 mittelgroße Kartoffeln (125 g)
2 Scheiben Vollkornbrot
1 Scheibe Butter

Geräte
kleiner Kochtopf
Messbecher
Teelöffel
Küchenmesser
Rohkostreibe
Schneidebrett
Kochlöffel
Pfanne
2 Gabeln

Suppen

Tomatensuppe ❀
(für 2 Personen)

Zutaten
600 g reife Tomaten
3/8 l Wasser
1 TL Vollmeersalz
4 EL Vollkorn-Buchstabennudeln
1 TL Zitronensaft
1 EL Sauerrahm

Geräte
Messbecher
mittelgroßer Kochtopf
Küchenmesser
Teelöffel
hoher, schmaler Kochtopf
Sieb
Suppenschöpfer
Holzstampfer
Esslöffel
Kochlöffel
Zitronenpresse

Schneide die Tomaten in kleine Stücke, den Fruchtansatz schneidest du weg. ● Die Tomaten und das Wasser mit dem Salz gibst du in einen Topf und kochst sie 15 Minuten weich. Über einen weiteren Topf hängst du ein feines Sieb und gießt mit einem Schöpfer einen Teil der gekochten Tomaten mit der Brühe hinein. Mit einem Holzstampfer rührst du im Sieb so lange, bis nur noch die Häute und Kerne der Tomaten darin sind. Mit einem Esslöffel nimmst du diese heraus. So verfährst du weiter, bis die ganze Suppe durchpassiert ist. Streiche nun mit dem Löffel unten das Sieb gut ab, damit alles Tomatenmark in der Suppe ist. ● Jetzt stellst du die Suppe wieder auf die Platte, gibst die Buchstabennudeln hinein und kochst diese nochmals 5 Minuten. Dabei rührst du öfters um, damit nichts anliegt. ● Zum Schluss rührst du den Zitronensaft und den Sauerrahm unter die Suppe.

Mit der Sauce rutscht es besser

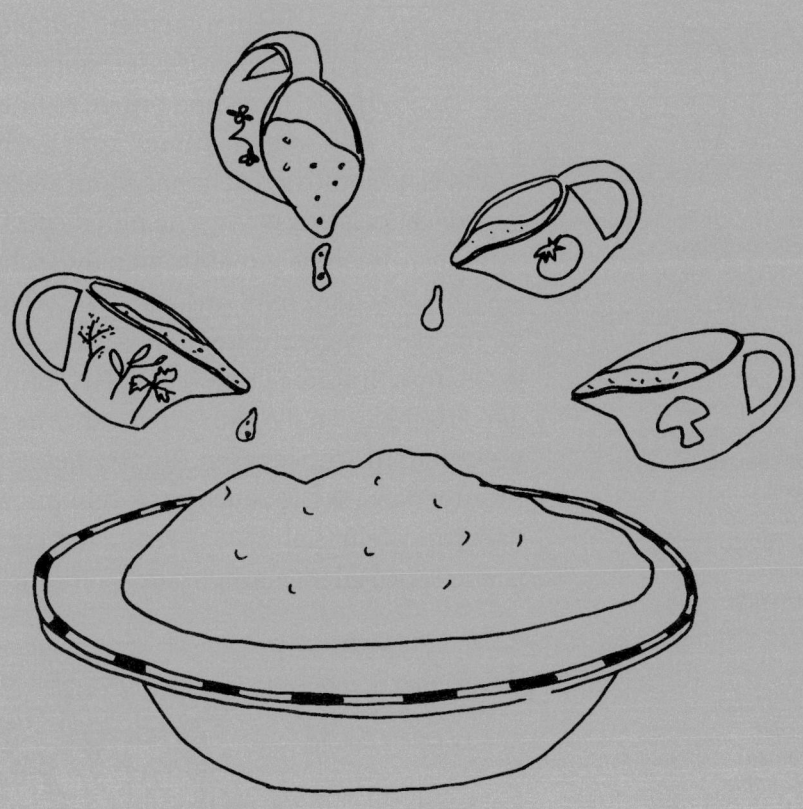

Saucen

Kräutersauce*
(für 2 Personen)

Rühre in den Kochtopf das frisch gemahlene Weizenvollkornmehl mit einem Schneebesen in das Wasser, stelle es auf den Herd und bringe es unter ständigem Rühren zum Kochen. Wenn es 1 Minute gekocht hat, dann stelle es zugedeckt beiseite. ● Wasche nun die Kräuter gründlich, lasse sie gut abtropfen und schneide sie zunächst ganz fein. Anschließend wiegst du sie mit dem Wiegemesser einige Male gut durch. ● Gib nun Kräutersalz, gekörnte Hefebrühe und den Frischkäse in die Sauce und verrühre alles gut mit dem Schneebesen. Rühre zuletzt die Kräuter dazu. ● Die Sauce passt sehr gut zu Backkartoffeln (siehe S. 82), Petersilienkartoffeln (siehe S. 110) oder Quarkpufferchen (siehe S. 112).

Zutaten
25 g Weizenvollkornmehl (2 EL)
gut 1/4 l Wasser
1/2 Tasse verschiedene frische oder tiefgekühlte Kräuter, z. B. Schnittlauch, Petersilie, Kerbel, Dill, Borretsch, Estragon
2 MS Kräutersalz
1/2 TL gekörnte Hefebrühe
1 Doppelrahm-Frischkäse (ca. 60 g)

Geräte
kleiner Kochtopf
Messbecher
Schneebesen
Getreidemühle
Salatsieb
Schneidebrett
Küchenmesser
Wiegemesser
Teelöffel
Tasse

❁ Verwende statt Doppelrahm-Frischkäse 50 g Crème fraîche.

Tomatensauce ❋
(für 2 Personen)

Rühre in den Kochtopf mit einem Schneebesen das frisch gemahlene Weizenvollkornmehl und die gekörnte Hefebrühe in das Wasser. Stelle es auf den Herd und bringe es unter Rühren zum Kochen. Lasse es 1 Minute kochen und stelle es beiseite. ● Zerschneide die gewaschenen Tomaten in kleine Stücke, gib sie in einen Mixbecher (den Fruchtansatz wegschneiden) und mixe sie fein. Rühre sie mit dem Tomatenmark in die Mehlsauce und stelle sie bis zum Servieren warm. ● Du kannst die Sauce zu Nudeln oder Reis reichen. ● Im Winter, wenn die frischen Tomaten knapp sind, nimmst du 4 EL Tomatenmark und eine frische gemixte Tomate.

Zutaten
3 EL Weizenvollkornmehl
1 TL gekörnte Hefebrühe
1/4 l Wasser
250 g Tomaten
1 EL Tomatenmark

Geräte
Getreidemühle
Messbecher
kleiner Kochtopf
Esslöffel
Schneebesen
Teelöffel
Mixbecher
Schneidebrett
Küchenmesser
Mixstab oder Mixer

Saucen

Pilzsauce*
(für 2 Personen)

Zutaten
125 g frische Champignons oder andere Pilze
1 kleine Zwiebel
1 Scheibe Butter
1/4 l Wasser
1 TL gekörnte Hefebrühe
1/2 TL Gemüsebrühepaste
Zitronenschale, unbehandelt
25 g Weizenvollkornmehl (2 EL)
8 EL Wasser
1 EL Sauerrahm
Saft von 1/2 Zitrone
1 Scheibe Butter
1/2 Bund Petersilie

Wasche die frischen Pilze einzeln unter leicht fließendem Wasser und schneide sie in kleine Scheiben. Schäle die Zwiebel und würfele sie klein. ● In einem kleinen Kochtopf lässt du auf dem Herd (Einstellung z. B. 2, wenn 3 die höchste ist; bei Gas zwischen großer und kleiner Flamme) die Butter zerlaufen, gibst Zwiebel und Pilze dazu und lässt sie ca. 10 Minuten dünsten, d. h. Deckel auf den Topf und nur ab und zu umrühren. ● Dann gießt du Wasser dazu und rührst gekörnte Hefebrühe und Gemüsebrühepaste darunter. Schneide von einer gewaschenen

Zitrone ein Stück der Schale ab und gib sie zur Sauce. Nun lässt du sie ca. 15 Minuten leise kochen. Nimm danach die Zitronenschale aus der Sauce.
● Das frisch gemahlene Weizenvollkornmehl verrührst du mit wenig Wasser, rührst es in die Sauce und lässt sie noch 1 Minute kochen.
● Nimm sie von der Kochstelle und rühre Sauerrahm und Zitronensaft unter. Vor dem Servieren lässt du eine Scheibe Butter darin zerlaufen und bestreust mit fein gehackter Petersilie. ● Die Pilzsauce passt gut zu Semmelklößen (siehe S. 116), zu Pellkartoffeln oder Naturreis.

Geräte
Küchenmesser
Schneidebrett
kleiner Kochtopf
Kochlöffel
Messbecher
Teelöffel
Getreidemühle
kleine Schüssel
Zitronenpresse
Wiegemesser
Esslöffel

Saucen

Vanillesauce*
(für 2 Personen)

Zutaten
40 g Weizenvollkorn-
  mehl
1/4 l Wasser
100 g Sahne
  (1/2 Becher)
1 Eidotter
1–2 EL Honig
2 MS Vanille
1 MS Vollmeersalz

Geräte
Messbecher
kleiner Kochtopf
Getreidemühle
Schneebesen
Esslöffel
Tasse für Eiweiß
Küchenmesser

Rühre mit einem Schneebesen das frisch gemahlene Weizenvollkornmehl in das Wasser. ● Stelle es auf den Herd und bringe es unter ständigem Rühren zum Kochen. Lasse es 1 Minute kochen, dann stelle es in kaltes Wasser und rühre weiter. ● Wenn die Sauce lauwarm ist, rührst du Sahne, Eidotter, Honig, Vanille und Salz darunter. ● Die Vanillesauce passt gut zum Schlummerapfel (siehe S. 134), zu polnischen Quarkknödeln (siehe S. 131), gebackenen Grießschnitten (siehe S. 127) und zu Hefepfannkuchen (siehe S. 128).

❀ *Lass den Eidotter weg.*

Hauptgerichte zum Sattessen

Hauptgerichte

Backkartoffeln
– in der Schale gebacken –

Zutaten
*für jede Person 2–3 Kartoffeln
Butter zum Einfetten
2 EL Kümmel oder Sesam*

Geräte
*Bürste
Backblech
Backpinsel
Küchenmesser
kleiner Teller
Esslöffel
Gabel
Backschaufel
Platte*

Zuerst musst du die Kartoffeln gut bürsten. Die Schale muss sauber sein, denn sie wird später mitgegessen. ● Nun fettest du ein Backblech dünn mit Butter ein. Die Kartoffeln schneidest du in der Mitte durch und drückst sie mit den Schnittflächen auf ein Tellerchen mit Kümmel oder Sesam. Mit der Schnittfläche nach unten legst du die Kartoffeln aufs Blech. Liegen alle Kartoffeln auf dem Blech, schneide mit dem Messer oben ein kleines Kreuz hinein, damit sie beim Backen nicht platzen. ● Nun schiebst du das Blech in den auf 200 Grad vorgeheizten Ofen auf die mittlere Schiene und lässt die Kartoffeln je nach Größe, 1/2–1 Stunde lang backen. Vorsichtshalber stichst du mit der Gabel rein und probierst, ob sie weich sind. Dann nimmst du das Blech vorsichtig mit Topflappen heraus und stellst es auf ein Gitter. Die Kartoffeln legst du mit der Backschaufel auf eine Platte. Sie können gleich gegessen werden.
● Dazu gibt es Butter und frischen Salat.

Blaukrautgemüse
(für 2 Personen)

Verrühre in einem Topf Wasser, gekörnte Hefebrühe, Salz und Gemüsebrühepaste. Vom Blaukraut nimmst du die äußeren Blätter ab, wäschst es und schneidest es mit einem großen Messer auf dem Schneidebrett in 4 Teile. Aus jedem Teil schneidest du den Strunk heraus. Nun lässt du es durch die Rohkostmaschine mit der eingesetzten Schneidetrommel, oder du schneidest es mit einem Küchenmesser ganz fein auf und gibst es in den Topf. ● Bei mittlerer Hitze kochst du es an, drehst dann die Hitze zurück, sodass das Kraut leicht kocht. Rühre es öfters um, damit es nicht anliegt. ● Den Hafer mahlst du in der Getreidemühle, Einstellung mittelfein bis grob, verrührst ihn in der Tasse Wasser und lässt ihn quellen. ● Nach ca. 30 Minuten wird das Kraut weich sein, prüfe es. Nun gibst du den eingeweichten Hafer, die Pastete und den Essig dazu, verrührst alles und lässt es so lange stehen, bis es wieder leicht kocht. Dann nimmst du den Topf von der Kochstelle. ● Dazu schmecken am besten Pommes frites (siehe S. 111) oder Petersilienkartoffeln (siehe S. 110).

Zutaten
2 Tassen Wasser
1 TL gekörnte Hefebrühe
1/2 TL Vollmeersalz
1/2 TL Gemüsebrühepaste
500 g Blaukraut (Rotkraut)
2 EL Hafer
1 Tasse Wasser
1/2 Dose Kräuterpastete (60 g)
2 EL Obstessig

Geräte
mittelgroßer Kochtopf
Tasse
Teelöffel
Kochlöffel
Küchenmesser
Schneidebrett
großes Messer
Rohkostmaschine mit Schneidetrommel
Getreidemühle
Esslöffel

Hauptgerichte

Blumenkohl mit »Gräberle« ❁
(für 2 Personen)

Zutaten
1 kleiner Blumenkohl (ca. 400 g)
1/2 TL Vollmeersalz
1 Tasse Wasser
60 g Butter
100 g Vollkornsemmelbrösel
etwas Kräutersalz

Geräte
Küchenmesser
kleiner, hoher Topf
Tasse
Teelöffel
Gabel
Pfanne
2 Backschaufeln
Schüssel
Esslöffel

Den Blumenkohl bereitest du im Ganzen zu. Du schneidest Blätter und einen Teil des Strunkes ab und wäschst ihn sauber. Dann legst du ihn in einen kleinen, hohen Topf, verrührst das Salz in einer Tasse Wasser und gießt es darüber. Bei großer Hitze bringst du es zum Kochen, drehst die Temperatur dann zurück und lässt es 20–30 Minuten leicht kochen. Mit einer Gabel oder einem Messer kannst du prüfen, ob der Blumenkohl gar ist. Das Wasser wird bis dahin fast verbraucht sein. ● In der Zwischenzeit machst du die »Gräberle«. Lasse in einer Pfanne die Butter zerlaufen (Herdeinstellung z. B. 2, wenn 3 die höchste ist; bei Gas zwischen großer und kleiner Flamme), gib die Brösel dazu, bestreue sie leicht mit Salz und vermenge sie 3–5 Minuten mit 2 Backschaufeln. Dann stellst du sie beiseite. ● Den fertigen Blumenkohl hebst du mit 2 Backschaufeln in eine Schüssel, bestreust ihn mit »Gräberle« und trägst ihn auf. Dazu gibt es Kartoffelbrei (siehe S. 99).

Eierschiffchen im Quarkmeer

(für 2 Personen)

In eine Rührschüssel gibst du Quark, Vollmeersalz, Kräutersenf, die fein gewiegten Kräuter, die fein geschnittene Zwiebel und verrührst alles gut. ● In einem kleinen Topf stellst du Wasser auf, und wenn es kocht, legst du mit einem Esslöffel die Eier hinein. Vorher stichst du die Eier mit dem Eierstecher in die Spitze, damit sie nicht platzen. Wenn das Wasser wieder kocht, drehst du die Hitze zurück und lässt die Eier 10 Minuten darin kochen. Mit einem Esslöffel hebst du danach die Eier aus dem Topf und hältst sie kurz unter kaltes Wasser. In einem Topf mit kaltem Wasser kannst du sie abkühlen lassen.
● Den Quark verteilst du nun auf einer kleinen, länglichen Platte. Die Eier schälst du ab und schneidest sie längs in der Mitte durch. Mit der Schnittfläche nach oben legst du sie in den Quark. Die Tomate schneidest du in 4 Scheiben und stellst jede Scheibe, mit einem Zahnstocher befestigt, als Segel in das Ei. ● Dazu gibt es Backkartoffeln (siehe S. 82) oder Petersilienkartoffeln (siehe S. 110).

Zutaten
250 g Sahnequark 40 %
2 MS Vollmeersalz
2 TL Kräutersenf
2 Bund frische Kräuter z. B. Schnittlauch, Petersilie, Kerbel, Kresse
1 kleine Zwiebel
2 Eier, hart gekocht
1 kleine Tomate

Geräte
Rührschüssel
Schneidebrett
Wiegemesser
Küchenmesser
Schneebesen
Teelöffel
kleiner Topf mit Deckel
Eierstecher
Esslöffel
kleine Platte
4 Zahnstocher

Hauptgerichte

Französische Bohnen
(für 2 Personen)

Zutaten
350 g frische Brech-
　bohnen
1 Tasse Wasser
1/2 TL Kräutersalz
1/2 TL gekörnte
　Hefebrühe
2 Tomaten
2 Knoblauchzehen
1 TL Bohnenkraut
1 Scheibe Butter

Geräte
Küchenmesser
Schüssel
Kochtopf
Tasse
Teelöffel
Schneidebrett
Tomatenmesser
Schüssel

Die gewaschenen Bohnen werden vorne und hinten mit einem Messer abgeschnitten und in 4–5 cm lange Stücke gebrochen. Das Wasser gießt du in einen Topf, gibst Kräutersalz, gekörnte Hefebrühe und die Bohnen dazu. Wenn die Bohnen kochen, stellst du die Hitze kleiner und lässt sie noch 20–30 Minuten leise kochen. Probiere, ob sie weich sind. ● Die Tomaten schneidest du mit einem gezackten Messer in kleine Würfelchen, den Knoblauch schälst du und schneidest ihn sehr klein, oder du presst ihn durch die Knoblauchpresse. ● Über die fertigen Bohnen streust du das Bohnenkraut und lässt die Butter darauf zerlaufen, hebst Tomaten und Knoblauch unter. Fülle die Bohnen in eine Schüssel und serviere sie. ● Zu den Bohnen schmecken Petersilienkartoffeln (siehe S. 110), Kräuterreis (siehe S. 106) oder Käsereis (siehe S. 98) sehr gut.

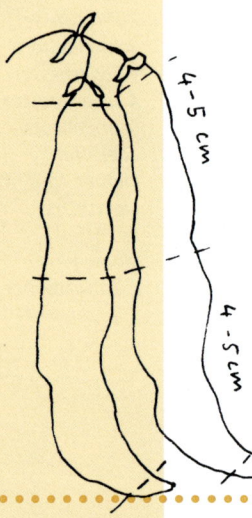

Gebackene Auberginenscheiben ✽

Schneide die gewaschenen Auberginen in 1 cm dicke Scheiben, bestreue sie auf beiden Seiten dünn mit Salz und lege sie alle in eine Schüssel. Nach 30 – 45 Minuten tritt Wasser aus den Scheiben, nun kannst du sie backen. ● Lege alle Scheiben auf die eine Hälfte eines sauberen Geschirrtuchs, lege die andere Hälfte darüber und tupfe die Scheiben damit ab. ● Erhitze bei mittlerer Herdeinstellung einige EL Öl in der Pfanne und lege so viele Scheiben nebeneinander, bis die Pfanne voll ist. Sie saugen das Öl auf, deshalb musst du immer wieder etwas Öl in die Pfanne nachgießen. Wenn eine Seite nach 3 – 5 Minuten leicht gebräunt ist, wendest du sie mit 2 Gabeln und gibst eventuell nochmals Öl in die Pfanne. Die leicht gebräunten Scheiben legst du auf eine Platte und bestreust sie dünn mit Basilikum. Die restlichen Scheiben bäckst du ebenso. ● Du kannst die Auberginenscheiben mit Kartoffelsalat (siehe S. 105) oder als Brotbelag warm oder kalt essen.

Zutaten
400 g Auberginen
Vollmeersalz
ca. 1/8 l Olivenöl,
  kaltgepresst
Basilikum, getrocknet

Geräte
Schneidebrett
Messer
Schüssel
Geschirrtuch
Pfanne
2 Gabeln
Platte

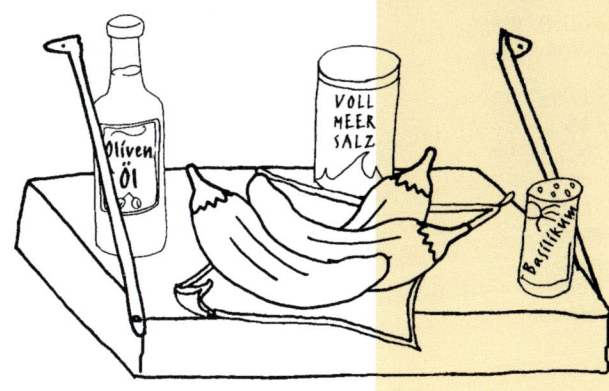

Hauptgerichte

Gebackene Bananen auf Reis ✽
(für 2 Personen)

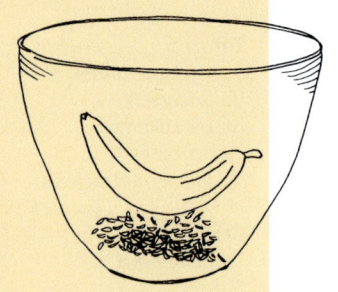

Wasche 1 Tasse Naturreis in einem Sieb unter fließendem Wasser. Gib ihn mit 2 Tassen Wasser, Vollmeersalz und Ingwer in den Kochtopf und stelle ihn zum Kochen auf den Herd. Wenn er kocht, stellst du ihn auf kleine Hitze. Er muss 40 Minuten leicht kochen (nicht umrühren, sonst brennt er an) und 20 Minuten bei ganz geringer Wärme nachquellen. ● Die Bananen schälst du ab und bäckst sie in einer Pfanne mit Butter auf beiden Seiten ca. 5 Minuten (Herdeinstellung z. B. 2, wenn 3 die höchste Einstellung ist; Gasflamme zwischen groß und klein). ● Unter den fertigen Reis rührst du die Sahne und füllst ihn in eine Schüssel. Darauf legst du die gebackenen Bananen. Mit einem Teelöffel beträufelst du die Bananen mit Honig und streust die gehackten Mandeln darüber.

Zutaten
1 Tasse Naturreis
2 Tassen Wasser
1/2 TL Vollmeersalz
1/2 TL Ingwer, gemahlen
4 Bananen
10 g Butter
1/2 Becher Sahne (100 g)
2 TL Honig (dünnflüssig)
50 g gehackte Mandeln

Geräte
Sieb
kleiner Topf
Tasse
Teelöffel
Pfanne
Backschaufel
Gabel
Kochlöffel
Schüssel
Nusshacker

Gebackene Pilze ✽

Die möglichst gleich großen Pilze mit einem Pinsel säubern und mit der glatten Seite nach unten auf ein sauberes Geschirrtuch legen. Auf die gerillten Seiten (Lamellen), die nach oben schauen, streust du dünn Salz. Nach ca. 30 Minuten siehst du kleine Wassertröpfchen auf den Pilzen, jetzt kannst du sie backen.

● Gib in eine Pfanne Olivenöl, erhitze es bei mittlerer Herdeinstellung. Tupfe mit dem Geschirrtuch die Pilze leicht trocken und lege sie in das erhitzte Öl. ● Nach 2–3 Minuten drehst du sie mit 2 Gabeln um und bäckst auch die andere Seite leicht braun. Auf einer Platte reichst du sie zu Kartoffelsalat (siehe S. 105).

Zutaten
250 g Austernpilze
1/2 TL Vollmeersalz
4–6 EL Olivenöl,
  kaltgepresst

Geräte
Geschirrtuch
Pilzpinsel
Salzstreuer
Pfanne
Esslöffel
2 Gabeln

Hauptgerichte

Griechischer Gemüsekuchen

Zutaten
500 g Zucchini
2 Zwiebelschlotten
   oder 75 g Zwiebeln
100 g Schafskäse
50 g Reibkäse
   (z.B.Gouda oder
   Emmentaler)
3 EL Olivenöl, kalt-
   gepresst
1 TL Oregano
1 TL Basilikum
2 EL frischer Dill
2 Eier
100 g Weizen-
   vollkornmehl, grob
Kräutersalz

Die gewaschenen Zucchini raspelst du mit der Schale auf einer groben Rohkostreibe in eine Schüssel. Die Zwiebelschlotten oder Zwiebeln schneidest du fein. Den Schafskäse in kleine Würfel schneiden und den Reibkäse auf einer feinen Rohkostreibe reiben. Das alles gibst du in die Schüssel und rührst Öl, Oregano, Basilikum und den fein geschnittenen Dill dazu. Die Eier schlägst du in einer großen Tasse mit der Gabel gut durch und ziehst sie unter die Zucchini, ebenso das frisch und grob gemahlene Weizen-

Geräte
*Schüssel
grobe Rohkostreibe
Küchenmesser
Schneidebrett
feine Rohkostreibe
Esslöffel
Teelöffel
große Tasse
Gabel
Getreidemühle
Pizza- oder Obstkuchen-
  form
Backpinsel
Stiel-Teigschaber
Tortenplatte*

vollkornmehl (Mühleneinstellung mittelfein bis grob). Nun schmeckst du ab, ob du noch etwas Kräutersalz benötigst. Bei würzigem Käse kann das Salzen entfallen. ● In eine gefettete, gebröselte Pizza- oder Obstkuchenform (eine Springform läuft aus) streichst du den Gemüseteig und bäckst ihn im vorgeheizten Ofen bei 200 Grad, mittlere Schiene, 35–40 Minuten. Wenn dieser leicht gebräunt ist, nimmst du ihn vorsichtig mit Topflappen aus der Röhre und lässt ihn einige Minuten abkühlen. Dann legst du eine Tortenplatte darüber, hältst beides mit den Händen fest und stürzt es um. Nun kannst du den Kuchen mit Salat reichen. Er schmeckt übrigens lauwarm und kalt gleichermaßen gut.

Hauptgerichte

Gebackene Zucchinischeiben

(für 2 Personen)

Zutaten
500 g Zucchini
1 kleines Ei
Kräutersalz
Semmelbrösel
ca. 1/8 l Olivenöl,
   kaltgepresst zum
   Ausbacken
125 g Emmentaler
   in Scheiben

Geräte
Küchenmesser
Schneidebrett
2 Suppenteller
Gabel
Pfanne
Backschaufel
Porzellanplatte

Wasche die Zucchini und schneide beide Enden kurz ab. Dann schneide sie in 1 cm dicke Scheiben. ● In einem Suppenteller schlägst du mit einer Gabel das Ei flüssig und gibst etwas Kräutersalz dazu. In den anderen Suppenteller füllst du die Semmelbrösel, ebenfalls mit etwas Kräutersalz. ● Nun panierst du die Zucchinischeiben: Tauche zuerst die beiden Schnittflächen in das Ei und wende sie dann in den Semmelbröseln. ● In einer Pfanne erhitzt du das Öl (Einstellung z. B. 2, wenn 3 die höchste ist) und bäckst darin langsam, insgesamt 4–5 Minuten, die Zucchinischeiben auf jeder Seite. Dann legst du die Hälfte der gebackenen Zucchini auf eine Platte, gibst auf jede 1 Scheibe Käse und bedeckst diesen mit einer zweiten gebackenen Zucchinischeibe. Stelle alles 20 Minuten in die Röhre bei 100 Grad, sodass der Käse schmilzt. ● Dazu schmecken Kartoffelsalat oder frische Salate besonders gut.

Haferküchlein
(für 2 Personen)

Verrühre in einer Schüssel die Haferflocken (du kannst sie auch selbst frisch quetschen mit einer Getreidemühle, Einstellung wie bei Frischkorngericht) mit dem frisch gemahlenen Weizenvollkornmehl. Erwärme die Milch leicht (Fingerprobe), verrühre darin die Hefe und gieße sie über Haferflocken und Mehl. Verrühre sie kurz und lass sie 1/2 Stunde quellen. Danach Ei und Vollmeersalz dazurühren. In einer großen Pfanne zerlässt du eine Scheibe Butter (Herdeinstellung z. B. 2, wenn 3 die höchste ist). Mit einem kleinen Schöpfer gießt du nun 4 Häufchen Teig in die Pfanne. Der Teig läuft etwas auseinander. Nach 2–3 Minuten sind die Küchlein leicht braun gebacken. Gib nochmals eine Scheibe Butter in die Pfanne, wende die Küchlein um und backe auch die andere Seite leicht braun. ● Gib sie nun auf eine Platte und stelle diese zum Warmhalten in die Backröhre (Einstellung 100 Grad). ● Backe nun die restlichen 4 Küchlein ebenso. ● Dazu kannst du Kräutersauce (siehe S. 76) oder Tomatensauce (siehe S. 77) und frischen Salat oder ein Kompott aus rohem Obst (siehe S. 255) reichen.

Zutaten
100 g Haferflocken
  oder
100 g Sprießkornhafer
50 g Weizenvollkornmehl
knapp 1/4 l Milch
10 g Hefe
1 Ei
1/2 TL Vollmeersalz
Butter zum Ausbacken

Geräte
Schüssel
Getreidemühle
Milchtopf
Messbecher
Kochlöffel
große Pfanne
Küchenmesser
kleiner Schöpfer
Backschaufel
Platte
Teelöffel

Hauptgerichte

Hirsekräpfchen
(für 2 Personen)

Zutaten
1/4 l Wasser
1 TL Gemüsebrühepaste
75 g Hirse
100 g Gouda, mittelalt
1/2 Bund Petersilie
5 EL Semmelbrösel
20 g Butter

Geräte
Messbecher
kleiner Kochtopf
Teelöffel
Kochlöffel
Reibeisen
Schneidebrett
Küchenmesser
Wiegemesser
Suppenteller
Pfanne
Backschaufel

Setze das Wasser auf, gib die Gemüsebrühepaste hinein und lasse, wenn es kocht, die Hirse hineinlaufen. Rühre um und lasse sie bei kleiner Hitze 10 Minuten leicht kochen und 10 Minuten quellen. Dann stellst du sie vom Herd weg und lässt sie auskühlen. ● Inzwischen reibst du auf einem Reibeisen den Käse fein. ● Die Petersilienblätter zupfst du von den Stengeln, schneidest sie auf einem Schneidebrett klein und wiegst sie mit dem Wiegemesser fein. Den Käse und die Petersilie rührst du unter die Hirse. Teile nun die Hirse in 4 Teile und forme mit der Hand daraus je 1 Kräpfchen. In einen Suppenteller gibst du Semmelbrösel und wälzt darin die Kräpfchen. ● In einer Pfanne erhitzt du nun die Butter und legst dann die Kräpfchen hinein (Herdeinstellung z. B. 2, wenn 3 die höchste Einstellung ist; bei Gas stellst du die Flamme zwischen groß und klein). Backe sie nun auf jeder Seite ca. 5 Minuten hellbraun. Zu den Kräpfchen schmeckt Kartoffelsalat (siehe S. 105) oder jeder frische Salat gut.

Hirse-Eintopf*
(für 2 Personen)

Du kannst dazu das Gemüse verwenden, das die Jahreszeit bringt. Putze es sauber, wasche und wiege es ab. Danach schneidest du es in Scheiben, Würfel oder teilst es in Röschen, je nach Gemüseart. ● Mit Wasser, gekörnter Hefebrühe, Gemüsebrühepaste setzt du es zu und rührst, wenn es kocht, die Hirse dazu. Bei kleiner Hitze lässt du es 30 Minuten leicht kochen. ● Die Tomaten schneidest du in kleine Würfel und hebst sie unter den fertigen Hirse-Eintopf. ● Fülle den Eintopf in eine Suppenterrine und streue bei Tisch geriebenen Parmesankäse darüber.

❀ Streue bei Tisch statt Parmesankäse gehobelte Mandeln oder Sonnenblumenkerne darüber.

Zutaten
400 g geputztes Gemüse
(z. B. Blumenkohl, Karotten, Erbsen, Bohnen, Sellerie)
gut 1/2 l Wasser
1 gehäufter TL gekörnte Hefebrühe
1 TL Gemüsebrühepaste
75 g Hirse
250 g Tomaten
50 g Parmesankäse

Geräte
Küchenmesser
Schneidebrett
Messbecher
mittelgroßer Topf
Teelöffel
Kochlöffel
Suppenterrine

Hauptgerichte

Italienische Pizza

Zutaten
250 g Weizenvollkornmehl
1 gestrichener TL Vollmeersalz
4 EL Magerquark
5 EL Sonnenblumenöl, kaltgepresst
5 EL Wasser
1 kleine Zwiebel
125 g frische Champignons
150 g mittelalter Käse, Emmentaler oder Gouda
2 Knoblauchzehen
2 grüne Paprikaschoten
200 g Tomaten
2 TL Pizzagewürz
etwas Kräutersalz

Verrühre mit einem Kochlöffel in einer Schüssel das frisch gemahlene Weizenvollkornmehl mit Salz, Quark, Öl und Wasser. Anschließend knetest du mit der Hand alles zu einem geschmeidigen Teig zusammen. ● Verstreiche mit einem Pinsel in der Springform einige Tropfen Öl und breite dann mit der Hand den Teig aus. Drücke einen 2 cm hohen Rand und schneide ihn gleichmäßig mit dem Teigrädchen ab. ● Nun bereitest du den

Belag vor: Die Zwiebel schälen und fein würfeln, die Champignons waschen und in dünne Scheiben schneiden, den Käse auf dem Reibeisen fein reiben, die Knoblauchzehen schälen und in dünne Scheibchen schneiden. Die Paprikaschoten gut waschen, Deckel abschneiden, Kerne und Rippen herausnehmen und in 1/2 cm dicke Ringe aufschneiden. Den Deckel und Boden der Paprikaschoten in kleine Würfelchen schneiden. Die Tomaten waschen, in Scheiben schneiden und Fruchtansatz herausschneiden. ● Dann belegst du den Teig: Verteile Zwiebel und Pilze gleichmäßig, streue den Käse und das Pizzagewürz darüber und verteile darauf die Knoblauchscheibchen. Lege die Paprikaringe darüber und die Tomatenscheiben in die Zwischenräume. Die Paprikawürfelchen gibst du darüber und bestreust alles hauchdünn mit Kräutersalz. Bei 220 Grad (Gas Stufe 4–5) bäckst du die Pizza ca. 30–35 Minuten. Nimm die Form vorsichtig mit Topflappen aus der Backröhre, löse den Springformrand und lasse die Pizza mit Hilfe einer Backschaufel auf eine Platte gleiten.
● Frischer Salat schmeckt dazu sehr gut.

Geräte
Getreidemühle
Schüssel
Esslöffel
Teelöffel
Kochlöffel
Springform, Ø 26 cm
Backpinsel
Teigrädchen
Schneidebrett
Küchenmesser
Tomatenmesser
Reibeisen
Schüssel
Backschaufel
Kuchenplatte

Hauptgerichte

Käsenudeln*

(für 2 Personen)

Zutaten
175 g Vollkornnudeln
100 g mittelalter Käse (Emmentaler oder Gouda)
1/2 Bund Schnittlauch

Geräte
Reibeisen
Kochlöffel
Küchenmesser
Schneidebrett
Servierschüssel

Du kochst die Nudeln wie auf Seite 120 beschrieben. Den Käse reibst du auf einem mittelgroßen Reibeisen. ● Über die fertigen heißen Nudeln streust du den Käse und hebst ihn darunter. ● Fülle sie in eine Schüssel und bestreue sie mit fein geschnittenem Schnittlauch. ● Dazu kannst du frische Salate reichen.

✿ Streue statt Käse 30 g Butterflöckchen über die Nudeln.

Käsereis*

(für 2 Personen)

Zutaten
1 Tasse Naturreis
40 g Parmesankäse oder
100 g geriebenen Emmentaler
1 Bund frische Kräuter

Geräte
Reibeisen
Schüssel
Schneidebrett
Küchenmesser

Du kochst den Reis wie auf Seite 106 beschrieben. Hebe unter den fertigen Reis den fein geriebenen Käse. Fülle ihn in eine Schüssel zum Servieren und bestreue ihn mit frischen, fein gewiegten Kräutern. ● Dazu kannst du frische Salate essen.

✿ Hebe statt Käse 40 g Butter unter den Reis.

Kartoffelbrei*
(für 2 Personen)

Wasche die Kartoffeln sauber (sie sollten alle etwa gleich groß sein) und setze sie mit Wasser und Kümmel bei großer Hitze zu. Wenn sie kochen, drehst du die Hitze zurück und lässt sie ca. 30 Minuten leicht kochen. ● Inzwischen gibst du Milch, gekörnte Hefebrühe und Salz in einen breiten Topf und legst Gabel, Kartoffelpresse und Schneebesen bereit. Die fertig gekochten Kartoffeln prüfst du (mit Gabel oder Messer einstechen), ob sie gar sind. Dann schälst du sie sofort mit Gabel und Messer, denn sie sind sehr heiß. Das sofortige Schälen ist wichtig, sonst gibt es Krümel im Kartoffelbrei. Die Milch stellst du auf kleiner Hitze zu. Dann gibst du die geschälten Kartoffeln in die Kartoffelpresse (lege jeweils nur 1 oder 2 Kartoffeln ein, dann geht das Pressen leichter) und drückst sie nacheinander in die warme Milch. Gib 1 Scheibe Butter dazu und rühre mit dem Schneebesen alles glatt zu einem Brei.
● Wenn du den Brei nicht sofort servierst, halte ihn auf kleinster Hitze kurze Zeit warm.

Verwende statt Milch 1/8 l Wasser und 1/8 l Sahne.

Zutaten
*500 g Kartoffeln
1 Tasse Wasser
1 MS Kümmel
1/4 l Milch
1 TL gekörnte Hefebrühe
2 MS Vollmeersalz
1 Scheibe Butter*

Geräte
*kleiner Topf
Tasse
Küchenmesser
kleiner, breiter Topf
Messbecher
Teelöffel
Gabel
Kartoffelpresse
Schneebesen*

Hauptgerichte

Kartoffelchips*
(für 2 Personen)

Zutaten
600 g Kartoffeln
2 MS Kräutersalz
2 EL Olivenöl, kaltgepresst
Rosenpaprika (mild)

Geräte
Küchenmesser
Rohkostmaschine mit Scheibentrommel oder Gemüsehobel
Schüssel
Esslöffel
Backblech
Backschaufel
Untersetzer

Bürste die Kartoffeln sauber und steche die Augen aus. Lasse sie mit der Schale durch die Rohkostmaschine (Scheibentrommel), oder hoble sie auf dem Gemüsehobel in dünne Scheiben (Vorsicht auf die Finger). In einer Schüssel mischst du die Kartoffelscheiben mit Salz und Olivenöl und breitest sie dann auf dem Backblech aus. Bestreue sie hauchdünn mit Paprika und schiebe sie in den auf 200 Grad vorgeheizten Ofen, mittlere Schiene. Nach 15 Minuten nimmst du vorsichtig das Backblech aus dem Ofen, stellst es auf einen Untersetzer, lockerst und wendest die Scheiben mit einer Backschaufel und schiebst es für weitere 15 Minuten in die Röhre. ● In einer Schüssel richtest du die Kartoffelchips zu Salat oder Gemüse an.

Kartoffelgulasch 🌼
(für 2 Personen)

Bürste die Kartoffeln sauber, steche die Augen aus und schneide sie in 1 cm große Würfel. Die Zwiebeln würfelst du grob und die Peperoni mit den Kernen schneidest du ganz fein. ● In einem Topf zerlässt du die Butter und dünstest die Zwiebeln unter Rühren, bis sie glasig sind. Jetzt kannst du die gewürfelten Kartoffeln, Majoran, gekörnte Hefebrühe, Gemüsebrühepaste, Pastete und Peperoni dazurühren und mit dem Wasser aufgießen. 30 Minuten kochen lassen, dazwischen musst du öfters umrühren. Vor dem Servieren rührst du den Sauerrahm dazu.

Zutaten
500 g Kartoffeln
150 g Zwiebeln
1/2 Peperoni
1 Scheibe Butter (10 g)
1 gehäufter TL Majoran
1 gehäufter TL gekörnte Hefebrühe
1 gestrichener TL Gemüsebrühepaste
1 kleine Dose Paprika-Pastete (60 g)
1/4 l Wasser
1 EL Sauerrahm

Geräte
Gemüsebürste
Kartoffelschäler
Küchenmesser
Schneidebrett
Kochtopf, mittelgroß
Kochlöffel
Messbecher
Teelöffel
Esslöffel

Hauptgerichte

Kartoffelkroketten*
(für 2 Personen)

Zutaten
500 g kalte gekochte Kartoffeln
1/2 TL Vollmeersalz
1 TL Kümmel
40 g Weizenvollkornmehl
1 kleines Ei
etwas Streumehl
5 EL Semmelbrösel zum Wenden
Butter zum Ausbacken

Geräte
Getreidemühle
Teigschüssel
Gitterreibeisen
Küchenmesser
Suppenteller
große Pfanne
Esslöffel
Backschaufel
Gabel
Platte zum Anrichten

Schäle die Kartoffeln und reibe sie auf einem Gitterreibeisen in eine Schüssel. Gib Salz, Kümmel, frisch gemahlenes Mehl und das Ei dazu und verknete alles gut mit der Hand.
● Auf einer leicht bemehlten Arbeitsfläche machst du aus dem Kartoffelteig eine Rolle und schneidest diese mit einem Messer in 10 gleich große Teile. Aus jedem Teil rollst du nun 1 kleine Stange, ca. 2 cm dick und 10 cm lang. ● In einen Suppenteller gibst du etwas Semmelbrösel und wendest darin die Kartoffelkroketten. ● In eine Pfanne gibst du 1 Scheibe Butter, lässt sie zerlaufen und brätst die Kroketten bei Herdeinstellung z. B. 2, wenn 3 die höchste Einstellung ist. ● Mit Hilfe einer Backschaufel und einer Gabel drehst du nach kurzer Zeit die Kroketten ein Stück weiter, sodass sie rundherum hell gebacken werden. Vielleicht musst du auch noch etwas Fett in die Pfanne geben, wenn sie zu trocken ist. Die fertigen Kroketten richtest du auf einer Platte an.
● Dazu passt jeder frische Salat.

❀ *Verwende statt Ei 1–2 EL Sauerrahm*

Kartoffelpuffer*
(für 2 Personen)

Bürste die Kartoffeln sauber, die Schalen werden mitverwendet.
● Nun reibst du die Kartoffeln und die geschälte Zwiebel auf der Rohkostreibe und rührst Vollmeersalz, Ei und das frisch gemahlene Weizenvollkornmehl dazu.
● In eine große Pfanne gibst du 1 Scheibe Butter (Herdeinstellung z. B. 2, wenn 3 die höchste Stufe ist; bei Gas zwischen großer und kleiner Flamme). In die zerlaufene Butter gibst du für jeden Puffer 1 gehäuften EL rohen Kartoffelbrei und drückst ihn mit dem Löffel breit. In eine große Pfanne passen 3 Puffer. Die angegebene Menge ergibt etwa 12 Kartoffelpuffer. ● Wenn die Ränder der Puffer anfangen braun zu werden, musst du die Puffer umdrehen. Vor dem Wenden kannst du nochmals etwas Butter in die Pfanne geben. ● Die fertigen Puffer legst du auf eine Platte, die du in die auf 100 Grad vorgewärmte Röhre stellst. Danach gibst du wieder Fett in die Pfanne und bäckst weiter. ● Zu den Kartoffelpuffern schmeckt rohes Apfelmus (siehe S. 262), Preiselbeerkompott (siehe S. 263) oder auch frischer Salat gut.

❋ *Lasse das Ei weg und verwende statt Weizenvollkornmehl 3 EL fein gemahlenen Hafer.*

Zutaten
500 g Kartoffeln
1 kleine Zwiebel
1/2 TL Vollmeersalz
1 Ei
2 gehäufte EL Weizenvollkornmehl
Butter zum Ausbacken

Geräte
Bürste
Kartoffelschäler
Küchenmesser
Rohkostreibe
Schüssel
Teelöffel
Getreidemühle
große Pfanne
Esslöffel
Backschaufel
Platte

Hauptgerichte

Kartoffelrösti mit Spiegelei*

(für 2 Personen)

Zutaten
500 g Kartoffeln
25 g Butter
Kräutersalz
Butter
2 Eier
1 Bund Schnittlauch

Geräte
Gemüsebürste
Gurkenhobel oder
  Rohkostmaschine
  mit Scheiben-
  trommel
große Pfanne
kleine Pfanne
Backschaufel
Tasse
Schneidebrett
Küchenmesser

Bürste die Kartoffeln sauber, stich die Augen aus und hoble sie mit der Schale auf dem Gurkenhobel (Vorsicht auf die Finger) oder mit der Rohkostmaschine fein. ● Zerlasse in einer großen Pfanne die Butter (z. B. Herdeinstellung 2, wenn 3 die höchste ist; bei Gas zwischen großer und kleiner Flamme), gib die Kartoffeln hinein und bestreue sie hauchdünn mit Kräutersalz. Nach einigen Minuten wendest du die Kartoffeln um, streust wieder leicht Kräutersalz darauf und lässt sie weiterbraten. Dann wendest du sie nochmals um, sodass alle gut durchgebraten sind. Gesamtbratzeit 15–20 Minuten. ● In einer kleinen Pfanne lässt du ein Stückchen Butter zerlaufen. Schlage die Eier am Tassenrand auf und lasse sie in die Tasse laufen. Gieße mit der Tasse die Eier in das heiße Fett, streue eine Prise Vollmeersalz darüber und lasse sie 2–3 Minuten braten. ● Gib die Kartoffelrösti und die Spiegeleier auf die Teller und bestreue beides mit fein geschnittenem Schnittlauch. ● Dazu gibt es frischen Salat.

❁ Lasse die Eier weg und lege z. B. Tomatenscheiben auf die Rösti.

Kartoffelsalat ❋
(für 2 Personen)

Die gewaschenen Kartoffeln setzt du mit wenig Wasser zu und kochst sie weich, ca. 30 Minuten. ● Mit einer Kartoffelgabel nimmst du sie aus dem Topf und lässt sie etwas abkühlen. ● Inzwischen machst du die Salatsauce: Rühre Öl, Essig, Senf und Salz in einer Salatschüssel mit dem Schneebesen cremig. Schneide den Schnittlauch und die Zwiebel fein, würfle die Tomaten oder die Gürkchen klein und rühre alles zur Salatsauce. ● Jetzt kannst du die Kartoffeln schälen und in feine Scheiben schneiden, gleich in die Salatsauce hinein. In dem lauwarmen Wasser löst du die gekörnte Hefebrühe auf und gießt sie über die Kartoffeln. ● Mische nun vorsichtig alles und lasse den Salat 1/2 bis 1 Stunde durchziehen. ● Dazu schmecken gebackene Zucchinischeiben (siehe S. 92) oder Hirsekräpfchen (siehe S. 94) oder gebackene Pilze (siehe S. 89) gut.

Zutaten
500 g kleine Kartoffeln
1 Tasse Wasser
3 EL Olivenöl, kaltgepresst
2 EL Obstessig
1 TL Senf
2 MS Vollmeersalz
1/2 Bund Schnittlauch
1 kleine Zwiebel
2 Tomaten oder
2 saure Gürkchen
1/8 l lauwarmes
 Wasser
1 TL gekörnte Hefebrühe

Geräte
kleiner Kochtopf mit
 Deckel
Tasse
Kartoffelgabel
Salatschüssel
Esslöffel
Teelöffel
Schneebesen
Schneidebrett
kleines Küchenmesser
Messbecher
Salatbesteck

Hauptgerichte

Kräuterreis ❊
(für 2 Personen)

Zutaten
*1 Tasse Naturreis
2 Tassen Wasser
1 TL gekörnte Hefebrühe
1 TL Gemüsebrühepaste
1 Bund frische Kräuter (z. B. Petersilie, Schnittlauch, Majoran oder Dill)
1 Scheibe Butter*

Geräte
Tasse
Sieb
kleiner Kochtopf
Teelöffel
Schneidebrett
Küchenmesser
Wiegemesser
Schüssel

Miss den Reis mit einer Tasse ab, schütte ihn in ein feines Sieb und wasche ihn unter fließendem Wasser. ● Das Wasser gießt du in einen Topf, gibst gekörnte Hefebrühe, Gemüsebrühepaste und den Reis dazu und stellst ihn auf die Kochplatte. Wenn er kocht, stellst du die Platte auf kleine Hitze. Er muss 40 Minuten leicht kochen, anschließend bei ganz geringer Wärme 20 Minuten quellen. ● Von den gewaschenen Kräutern entfernst du die harten Stiele, schneidest sie zuerst mit dem Messer klein und wiegst sie dann mit dem Wiegemesser fein. ● Nun lässt du die Butter auf dem fertigen Reis zerfließen, hebst die Kräuter unter und füllst ihn in eine Schüssel zum Servieren. ● Der Kräuterreis ist eine feine Beilage zu Gemüsen, Salaten und Saucen.

Pellkartoffeln mit Kräuterbutter

Kräuterbutter: Schneide mit einem Küchenmesser die Butter in eine kleine Schüssel. Wasche die Kräuter und schneide sie auf einem Schneidebrett ganz fein. Bei manchen Kräutern brauchst du dazu das Wiegemesser. Die Knoblauchzehe schälst du ab und schneidest sie in ganz kleine Würfelchen. 🟡 Die Butter ist nun weich, und du kannst sie mit einem kleinen Schneebesen oder einem Kochlöffel sahnig rühren. Dann gibst du die Kräuter, die Knoblauchzehe, Hefeflocken und das Kräutersalz dazu. 🟡 Mit einem Stiel-Teigschaber füllst du nun die fertige Kräuterbutter in ein hübsches Keramik- oder Glasschüsselchen und stellst sie bis zum Essen in den Kühlschrank.

Pellkartoffeln: Die Kartoffeln bürstest du gut mit der Gemüsebürste, gibst die Tasse Wasser in einen Topf, die Kartoffeln dazu und kochst sie weich. Das dauert je nach Kartoffelgröße etwa 30 Minuten. Bevor du sie vom Herd nimmst, stich mit einer Gabel in die Kartoffeln und prüfe, ob sie weich sind. 🟡 Neue Kartoffeln kannst du mit der Schale servieren und essen. Ältere Kartoffeln schälst du mit Gabel und Messer ab, bevor du sie aufträgst. 🟡 Dazu reichst du nun die kalte Kräuterbutter und Salat.

Zutaten
100 g Butter
1 Bund Kräuter; möglichst gemischt (z. B. Schnittlauch, Petersilie, Dill)
1 kleine Knoblauchzehe
2 EL Hefeflocken
1 MS Kräutersalz
pro Person 3–5 kleine Kartoffeln
1 Tasse Wasser

Geräte
kleine Rührschüssel
Küchenmesser
kleiner Schneebesen
Schneidebrett
Wiegemesser
Stiel-Teigschaber
kleines Keramiktöpfchen
kleiner Kochtopf
Gemüsebürste
Tasse
Gabel

Hauptgerichte

Maisfladen überbacken*
(für 2 Personen)

Zutaten
*1/2 l Wasser
1 TL gekörnte Hefebrühe
1 TL Gemüsebrühepaste
1 Bund Suppengrün
125 g Maisgrieß (Polenta)
20 g Butter
250 g Tomaten
100 g Emmentaler oder Gouda in Scheiben
1/2 Bund Schnittlauch*

In einem kleinen Topf stellst du das Wasser auf den Herd und gibst gekörnte Hefebrühe und Gemüsebrühepaste dazu. Das Suppengrün wäschst und bürstest du sauber, schneidest es ganz fein und gibst es ins Wasser. ● Wenn das Wasser kocht, schüttest du den Maisgrieß dazu, rührst um und lässt ihn 5 Minuten bei kleiner Hitze kochen und 20 Minuten bei kleinster Hitze quellen. ● Den heißen Brei noch mal verrühren, auf einen flachen Essteller geben, mit einem Teigschaber glatt streichen und auskühlen lassen. ● Wenn der Brei ausgekühlt und fest ist, kannst du ihn backen. In einer großen Pfanne lässt du die Butter zerlaufen (Herd-Einstellung z. B. 2, wenn 3 die größte ist; Gas zwischen großer

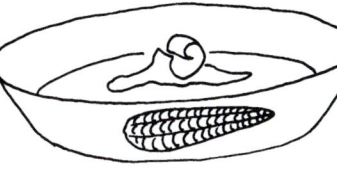

und kleiner Flamme) und lässt den Maisfladen vom Teller in die Pfanne gleiten. Nach 3–5 Minuten wendest du den Fladen um. Dazu deckst du einen großen Deckel über die Pfanne, drehst die Pfanne mit dem Deckel um, sodass der Maisfladen im Deckel liegt, dann gibst du noch ein Stückchen Butter in die Pfanne und lässt den Maisfladen vom Deckel in die Pfanne gleiten (Herdhitze nun klein stellen). ● Die gewaschenen Tomaten schneidest du in Scheiben, Fruchtansatz wegschneiden, und legst sie auf den Maisfladen. Darauf legst du die Käsescheiben (Rand vorher abschneiden). Nun gibst du den Deckel darüber und lässt den Fladen bei kleiner Hitze noch 5–7 Minuten backen. Der Käse schmilzt nun über die Tomaten. ● Den fertigen Fladen lässt du von der Pfanne auf eine Platte gleiten und bestreust ihn mit fein geschnittenem Schnittlauch. ● Dazu reichst du frische Salate.

Geräte
kleiner Kochtopf
Messbecher
Teelöffel
Schneidebrett
Küchenmesser
Bürste
Kochlöffel
Essteller
Teigschaber
Esslöffel
große Pfanne
Deckel
Tomatenmesser
Platte

❀ *Streiche statt Käse Crème fraîche auf die Tomaten und streue Kräutersalz darauf.*

Hauptgerichte

Petersilienkartoffeln

Wasche die Kartoffeln und koche sie in wenig Wasser weich. Das dauert etwa 30 Minuten, je nach Kartoffelgröße. Stich, bevor du sie vom Herd nimmst, mit einer Gabel hinein und prüfe, ob sie weich sind. Mit Gabel und Messer schälst du sie gleich ab. ● In einem Topf, den man gleich zum Servieren benutzen kann, lässt du die Butter zerschleichen, sie darf nicht braun werden. Dahinein gibst du die geschälten Kartoffeln. ● Auf einem Schneidebrett schneidest du die Petersilie klein und wiegst sie dann fein mit einem Wiegemesser. Nun streust du sie über die Kartoffeln und wendest sie ganz vorsichtig um, bis sie rundum voll Butter und Petersilie sind. ● Dazu schmeckt ein guter Salat, aber auch Kräutersauce (siehe S. 76) und Pilzsauce (siehe S. 78).

Zutaten
pro Person 3–5 kleine
   Kartoffeln
1 Tasse Wasser
10 g Butter
1 Bund Petersilie

Geräte
kleiner Kochtopf
Tasse
Kochtopf zum
   Servieren
Küchenmesser
Gabel
Schneidebrett
Wiegemesser

Pommes frites ❋
(für 2 Personen)

Bürste die Kartoffeln sauber und steche die Augen aus. Auf einem Schneidebrett schneidest du sie mit der Schale in 1/2 cm breite Scheiben. Die Scheiben schneidest du in 1/2 cm breite Streifen. Diese gibst du in eine Schüssel, streust Kräutersalz darüber und gießt das Öl dazu. Mische nun alles gut und breite die Streifen auf einem Backblech aus. ● In den auf 200 Grad vorgeheizten Ofen, mittlere Schiene, schiebst du das Backblech mit den Kartoffelstreifen. Nach 15 Minuten nimmst du es vorsichtig mit Topflappen aus der Röhre und stellst es auf einen Untersetzer. Mit einer Backschaufel lockerst du die Kartoffelstreifen auf dem Blech. Dann schiebst du es nochmals für 15 Minuten in die Röhre. ● In einer Schüssel richtest du die Pommes frites zu Salat oder Gemüse an.

Zutaten
600 g Kartoffeln
2 MS Kräutersalz
3 EL Olivenöl, kaltgepresst

Geräte
Schneidebrett
Küchenmesser
Schüssel
Esslöffel
Backblech
Backschaufel
Untersetzer

Hauptgerichte

Quarkpufferchen
(für 2 Personen)

Zutaten
25 g Butter
125 g Schichtkäse
 (= Quark)
1 EL Sauerrahm
1 Ei
50 g Weizenvollkorn-
 mehl
1/2 TL Kräutersalz
2 TL Majoran
2 MS Basilikum
4 EL Semmelbrösel
10 g Butter

Geräte
Rührschüssel
Schneebesen
Esslöffel
Küchenmesser
Kochlöffel
Getreidemühle
Teelöffel
Suppenteller
flacher Teller
kleine Pfanne
Backschaufel
Gabel

Rühre in einer Schüssel mit dem Schneebesen die Butter glatt, gib Schichtkäse, Sauerrahm und Ei dazu und verrühre gut. ● Mit einem Kochlöffel rührst du dann das frisch gemahlene Weizenvollkornmehl, Kräutersalz, Majoran und Basilikum dazu. ● Forme mit nassen Händen aus dem weichen Teig 4 Pufferchen und wende diese in den Semmelbröseln. Gib in die Pfanne ein Stückchen Butter und lege, wenn sie heiß ist (Herdeinstellung z. B. 2, wenn 3 die höchste ist; Gas zwischen großer und kleiner Flamme), die Pufferchen hinein. ● Brate sie auf beiden Seiten hellbraun (Gesamtbratzeit ca. 10 Minuten). Dazu gibt es Tomatensauce (siehe S. 77) und frischen Salat der Jahreszeit.

Rosenkohl in Käsesauce*
(für 2 Personen)

Gib das Wasser in einen Topf und verrühre darin gekörnte Hefebrühe und Gemüsebrühepaste. Den Rosenkohl wäschst du sauber, schneidest eventuell welke Blätter ab und gibst ihn in den Topf. Bei großer Hitze bringst du ihn zum Kochen und drehst dann die Temperatur zurück, damit er nur leicht kocht. ● Nach ca. 20 Minuten sind die Röschen weich und du nimmst den Topf von der Kochstelle. Mit einem Sieblöffel hebst du sie aus der Brühe in eine bereitstehende Schüssel. ● Auf der Getreidemühle mahlst du den Reis so fein wie Mehl und rührst ihn mit einem Schneebesen in die Brühe. Nun stellst du den Topf auf die Kochstelle zurück, lässt die Sauce unter Rühren aufkochen und nimmst sie wieder vom Herd. Reibe den Käse auf einem feinen Reibeisen und gib ihn mit dem Rosenkohl in die Sauce. Rühre um und serviere mit Kartoffelbrei (siehe S. 99). ● *Veränderung:* ● Du kannst das gleiche Rezept auch mit Blumenkohl (in Röschen geteilt) zubereiten.

❋ *Statt Käse rührst du 3 EL Crème fraîche in die Sauce.*

Zutaten
1/2 l Wasser
1 TL gekörnte Hefebrühe
1 TL Gemüsebrühepaste
250 g Rosenkohl

25 g Naturreis (2 EL)
50 g Emmentaler

Geräte
kleiner, hoher Topf
Messbecher
Teelöffel
Kochlöffel
Küchenmesser
Sieblöffel
Schüssel
Getreidemühle
Schneebesen
Reibeisen

Hauptgerichte

Schwäbische Spätzle
(für 2 Personen)

Zutaten
250 g Weizen-
   vollkornmehl
1/2 TL Vollmeersalz
1 TL gekörnte Hefe-
   brühe
gut 1/8 l Wasser
   (150 g)
2 Eier
2 l Wasser
3 TL Vollmeersalz
2 EL Öl, kaltgepresst
2 Scheiben Butter
   oder
4 EL geriebener Käse
2 EL gehackte Peter-
   silie oder
   Schnittlauch

Mische in einer Rührschüssel das frisch gemahlene Weizenvollkornmehl mit Salz und gekörnter Hefebrühe, miss oder wiege das Wasser dazu und gib die Eier hinein. Mit einem Schneebesen verrührst du alles gut zu einem glatten Teig. Diesen lässt du ca. 30 Minuten quellen. ● Setze in einem mittelgroßen Topf Wasser mit Salz und Öl zu und bringe es zum Kochen. Lege den Spätzleschaber über den Topf mit kochendem Wasser, fülle etwa 1/3 des Teiges in den Schaber und schabe (durch Hin-und-her-Schieben) den Teig in das Wasser. Lege den Schaber zur Seite, rühre die Spätzle um und warte, bis sie aufkochen. Dann hebst du sie mit dem Sieblöffel in eine Schüssel oder Auflaufform. Nun schabst du die nächste Portion Teig in das kochende Wasser. ● Wenn du eine Spätzlepresse hast, legst du sie auch über den Topf, füllst 1/3 des Teiges ein und drückst den Inhalt in das kochende Wasser.

● Die fertigen Spätzle kannst du mit Butterstückchen belegen und einstweilen in der Backröhre warm halten (100 Grad, mittlere Schiene). Mit frischen Kräutern bestreut, reichst du sie als Beilage zu Gemüse oder Salaten. ● Wenn du Käsespätzle willst, hebst du sie wie oben beschrieben in eine Auflaufform und streust nach jeder Portion (= 1/3 des Teiges) 2 EL geriebenen Käse darüber. Stelle die Backröhre auf 150 Grad, schiebe die Auflaufform auf die mittlere Schiene und backe 15 Minuten. ● Dann servierst du sie, mit frischen Kräutern bestreut, zu Salaten.

Geräte
Rührschüssel
Getreidemühle
Teelöffel
Schneebesen
Messbecher
mittelgroßer Topf
Esslöffel
Spätzleschaber oder Spätzlepresse
Sieblöffel
Schüssel oder Auflaufform
Küchenmesser
Käsereibe
Schneidebrett

Hauptgerichte

Semmelklöße

(für 2 Personen)

Zutaten
4 Vollkorn-Semmeln,
   1–2 Tage alt,
   ca. 250 g
1/4 l Milch
1 kleine Zwiebel
1/2 Bund Petersilie
10 g Butter
1/2 TL Vollmeersalz
1 kleines Ei

1 1/2 l Wasser
1 gehäufter TL
   Vollmeersalz

Geräte
Schneidebrett
Küchenmesser
Schüssel
kleiner Topf
Messbecher
Wiegemesser
kleine Bratpfanne
Teelöffel
Kochlöffel
schmaler, hoher Topf
großer Löffel
Sieblöffel

Halbiere die Brötchen, stelle sie auf die Schnittfläche und schneide sie in feine Scheiben auf. In einer Schüssel übergießt du sie mit warmer Milch und lässt sie quellen. ● Schäle inzwischen die Zwiebel und würfele sie fein. Die Petersilie waschen, schneiden und fein wiegen. Beides in etwas Butter kurz glasig dünsten. ● Dann gibst du Zwiebel, Petersilie, Vollmeersalz und Ei zu den Semmeln, verrührst zuerst alles mit dem Kochlöffel. Anschließend arbeitest du mit der Hand den Teig durch und formst davon 4 Klöße. ● In einem schmalen, hohen Topf bringst du das Wasser mit Salz zum Kochen und legst die Klöße vorsichtig mit einem großen Löffel hinein. Lasse die Klöße nun 20 Minuten leise kochen, bei leicht geöffnetem Topfdeckel. Wenn sie fertig sind, schwimmen sie oben. Mit einem Sieblöffel nimmst du sie dann aus dem Topf. ● Zu den Klößen schmecken besonders gut Pilzsauce (siehe S. 78) und frischer Salat.

Tomaten gefüllt ❋
(für 2 Personen)

Bereite den Reis zu, wie auf Seite 106 beschrieben. Schneide die Zwiebel auf dem Schneidebrett klein, hacke die Mandeln, wasche die Korinthen (in einem Sieb) und schneide die Petersilie fein. In einer kleinen Pfanne erhitzt du das Öl bei mittlerer Hitze, dünstest darin die Zwiebeln glasig und gibst die gehackten Mandeln, Korinthen und Petersilie dazu. Rühre ca. 2 Minuten um, nimm es vom Herd und mische es unter den fertig gekochten Reis. ● Die Tomaten halbierst du quer und holst vorsichtig mit einem Teelöffel das Fruchtfleisch heraus. Nun hast du 4 ausgehöhlte Tomatenhälften. Bestreue sie dünn mit Kräutersalz, fülle sie mit dem Reis und stelle sie in eine Auflaufform. Das Tomatenfruchtfleisch mixt du mit 1/2 TL Kräutersalz und 1 EL Olivenöl und gießt es zu den Tomaten. ● Schiebe die Auflaufform in die auf 200 Grad vorgeheizte Backröhre, unterste Schiene, und lasse die Tomaten 20 Minuten garen. Nimm sie vorsichtig aus der Röhre, lasse sie noch 10 Minuten abkühlen und serviere sie dann.

Zutaten
Füllung:
1 Tasse Naturreis
2 Tassen Wasser
1 TL gekörnte Hefebrühe
1 TL Gemüsebrühepaste

1 Zwiebel (60 g)
2 EL Mandeln
2 EL Korinthen
2 EL Petersilie
2 EL Olivenöl, kaltgepresst

2 große Fleischtomaten (ca. 700 g)
Kräutersalz
1 EL Olivenöl, kaltgepresst

Geräte
kleiner Kochtopf
Sieb
Tasse
Teelöffel
Esslöffel
Schneidebrett
Küchenmesser
Nusshacker
kleine Pfanne
Kochlöffel
Auflaufform
Mixbecher
Mixgerät

Hauptgerichte

Vollkornpfannkuchen
(für 2 Personen)

Zutaten
125 g Weizenvollkornmehl
2 EL Buchweizen
2 Eier
1/4 l Milch
1/8 l Wasser
1/2 TL Vollmeersalz
Butter zum Ausbacken

Mahle den Weizen und Buchweizen sehr fein und gib die Eier, Milch, Wasser und Vollmeersalz dazu. Verrühre alles gut mit dem Schneebesen. ● Dieser Teig muss nun mindestens 30 Minuten quellen, dann kann das Backen beginnen. ● Nimm dazu eine kleine Pfanne, gib ein kleines Eckchen Butter hinein, erhitze es, gieße etwa 1/2 Schöpfer Teig in die Pfanne und lasse diesen verlaufen, (Wenn du den Teig in die Pfanne gießt, musst du vorher immer mit dem Schöpfer umrühren, weil sich das Vollkornmehl leicht absetzt.) ● Stelle die Pfanne auf die Herdplatte (Herdeinstellung z. B. 2, wenn die höchste Einstellung 3 ist; Gas zwischen großer und kleiner Flamme). Es ist gut, wenn du nun die Pfanne öfters hin und her schiebst, dass sich der Pfannkuchen löst. Ist er hell gebacken und löst sich gut, legst du ein kleines Eckchen Butter darauf, wendest ihn mit der Backschaufel um und bäckst ihn auf der anderen Seite hell aus. ● Wenn er fertig gebacken ist, legst du ihn auf eine Platte, die in der vorgewärmten Röhre steht (100 Grad).

Nun bäckst du die anderen Pfannkuchen aus.
● Die Teigmenge ergibt 8–10 kleine Pfannkuchen. ● Du kannst sie mit kalt gerührter Marmelade (siehe S. 257) oder mit Apfelmus (siehe S. 262) bestreichen, zusammenrollen und essen. ● Du kannst aber auch geriebenen Käse oder eine Pastete hineinstreichen, sie nochmals 10 Minuten in die Röhre stellen und mit gehackten Kräutern bestreut zum Salat essen.

Geräte
Getreidemühle
Esslöffel
Schüssel
Messbecher
Schneebesen
kleine Pfanne
Küchenmesser
Suppenschöpfer
Backschaufel
Platte
Teelöffel

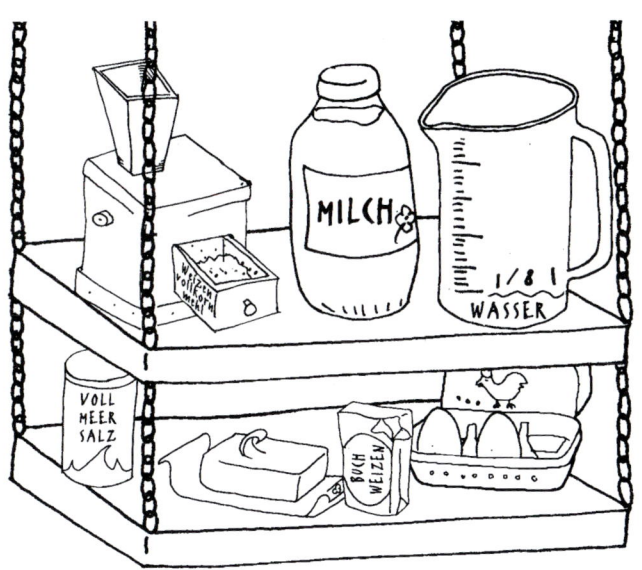

Hauptgerichte

Vollkornnudeln ✻
(für 2 Personen)

Zutaten
1/2 l Wasser
1 gehäufter TL
  gekörnte Hefebrühe
175 g Vollkornnudeln
  (Spaghetti, Spirelli,
  Hörnchen etc.)
1 Scheibe Butter
1/2 Bund Schnittlauch

Geräte
kleiner Kochtopf
Teelöffel
Messbecher
Küchenmesser
Schneidebrett
Servierschüssel

Setze das Wasser mit gekörnter Hefebrühe zu, und wenn es kocht, gibst du die Nudeln hinein und schaltest die Hitze zurück. ● Die Nudeln sollen 10 Minuten leicht kochen und 10 Minuten quellen. Dann ist alles Wasser aufgebraucht und du brauchst nichts wegzugießen. Nun gibst du die Nudeln in eine Schüssel, legst eine Scheibe Butter darauf, dass sie zerläuft, und streust etwas fein geschnittenen Schnittlauch darüber. ● So kannst du sie als Beilage servieren.

Wirsinggemüse ❋
(für 2 Personen)

Verrühre in einem Topf Wasser mit gekörnter Hefebrühe und Gemüsebrühepaste. ● Vom Wirsing schneidest du die äußeren Blätter ab. Nach dem Waschen teilst du ihn auf einem Schneidebrett mit einem großen Messer in 4 Teile. Von jedem Viertel schneidest du den Strunk heraus. Schneide den Wirsing in ca. 2 cm breite Stücke, gib sie in den Topf, bringe sie bei großer Hitze zum Kochen und drehe dann die Temperatur zurück, damit sie nur leicht kochen. ● Mahle den Hafer in der Getreidemühle, Einstellung mittelfein bis grob, verrühre ihn im Wasser und lasse ihn quellen. Ab und zu rührst du im Topf um, damit nichts anliegt. Nach ca. 20 Minuten ist der Wirsing weich. ● Nun mixt du den Wirsing mit dem Mixstab direkt im Topf, oder du füllst ihn etwas abgekühlt in den Mixer. Rühre den eingeweichten Hafer und die Pastete dazu, lass alles nochmals aufkochen und nimm dann den Topf von der Kochstelle. ● Dazu schmecken Kartoffelchips, Pommes frites oder Petersilienkartoffeln.

Zutaten
2 Tassen Wasser
1 TL gekörnte Hefebrühe
1 TL Gemüsebrühepaste
500 g Wirsing
2 EL Hafer
1/2 Tasse Wasser
1/2 Dose Paprika-Pastete (60 g)

Geräte
mittelgroßer Kochtopf
Küchenmesser
großes Messer
Schneidebrett
Tasse
Teelöffel
Kochlöffel
Getreidemühle
Esslöffel
Mixgerät

Hauptgerichte

Zucchiniauflauf *

Zutaten
350 g Kartoffeln
2 EL Olivenöl, kalt-
   gepresst
400 g Zucchini
300 g Tomaten
Kräutersalz
3 TL Basilikum
100 g Sauerrahm
1 MS Kräutersalz
1 TL Weizenvollkorn-
   mehl
50 g Emmentaler

Geräte
Rohkostmaschine
   mit Scheiben-
   trommel
2 Schüsseln
Schneidebrett
Küchenmesser
Esslöffel
Auflaufform
Tasse
Teelöffel
Reibeisen
Topflappen

Bürste die Kartoffeln sauber unter fließendem Wasser und wasche anschließend Zucchini und Tomaten. Kartoffeln und Zucchini mit der Schale fein hobeln (mit der Rohkostmaschine: Scheibentrommel), Tomaten in 1 cm dicke Scheiben schneiden. Das Olivenöl gibst du zu den Kartoffelscheiben und mischst sie durch. ● In eine Auflaufform breitest du ca. zwei Drittel der Kartoffelscheiben und bestreust sie fein mit Kräutersalz und Basilikum. Darauf schichtest du die Zucchinischeiben, die du leicht mit Kräutersalz und Basilikum bestreust. Darüber legst du die mit etwas Kräutersalz und Basilikum bestreuten Tomatenscheiben und bedeckst diese mit den restlichen Kartoffelscheiben. Den Sauerrahm verrührst du in einer Tasse mit Salz und 1 TL frisch gemahlenem Weizenvollkornmehl und streichst ihn über die Kartoffelscheiben. ● Reibe den Käse fein und streue ihn als Abschluss über die oberste Schicht. ● Bei 225 Grad, unterste Schiene, bäckst du den Auflauf in der vorgeheizten Röhre 30 Minuten und lässt ihn dann noch 15 Minuten in der abgeschalteten Röhre stehen. Mit Topflappen herausnehmen.

❁ *Streue statt Käse 50 g geriebene Haselnüsse auf den Auflauf*

Für die Süßen: ein süßes Hauptgericht

Süßes

Apfelschlemmerei✽
(für 2 Personen)

Zutaten
200 g Weizen-
   vollkornmehl
1 TL Zimt
1 MS Vanille
100 g Butter
100 g Honig
750 g Äpfel
1/2 Becher Sahne
   (100 g)

Geräte
Schüssel
Getreidemühle
Teelöffel
Küchenmesser
Esslöffel
Kochlöffel
Schneidebrett
Auflaufform
Pinsel
schmaler, hoher Topf
Sahneschläger

Zuerst machst du den Streuselteig. Das geht so: Unter das frisch gemahlene Weizenvollkornmehl mischst du Zimt und Vanille, schneidest die kalte Butter darüber und wiegst den Honig dazu. Mit einem Kochlöffel vermischst du zuerst alles gut, und dann knetest du mit der Hand alles rasch zusammen. Den Teig stellst du 1/2 Stunde kühl.
● Inzwischen viertelst du die Äpfel, nimmst das Kernhaus heraus und schneidest sie in feine Scheiben. In eine gefettete Auflaufform gibst du die Äpfel und verteilst darauf den kalten Streuselteig als Streusel, d. h., du brichst vom kalten Teig kleine Stückchen ab und legst sie auf die Äpfel. ● Bei 250 Grad, unterste Schiene, 15 Minuten backen (bei Gas Stufe 5). ● Leicht abgekühlt, mit steif geschlagener Sahne reichen.

Früchtereis 🌼
(für 2 Personen)

Schütte eine Tasse Naturreis in ein feines Sieb und wasche ihn unter fließendem Wasser. ● In einen kleinen Kochtopf gibst du den gewaschenen Reis, gießt 2 Tassen Wasser und 2 MS Vollmeersalz dazu und stellst ihn auf den Herd. Wenn er kocht, stellst du die Hitze klein und lässt ihn 40 Minuten leicht kochen. Anschließend lässt du ihn noch 20 Minuten bei ganz geringer Wärme quellen.
● Inzwischen richtest du das Obst her. Je nach Obstsorte schälst du es ab, z.B. bei Orangen, Bananen, Ananas, oder du entsteinst es, z.B. bei Kirschen, Zwetschgen. ● Dann schneidest du das Obst in Scheiben oder Würfel und gibst es in eine Schüssel. Dazu gibst du den ausgepressten Zitronensaft, 1–2 EL Honig, je nach der Süße des Obstes, sowie Delifrut und vermischst alles vorsichtig. Die Sahne schlägst du mit dem Elektroquirl in einem hohen Mixbecher steif.
● In einer Schüssel breitest du die Hälfte des fertig gekochten Reises aus, darüber gibst du die Hälfte des Obstes. Über das Obst kommt der restliche Reis, zum Abschluss Obst. Darauf häufst du die geschlagene Sahne und servierst gleich.

Zutaten
1 Tasse Naturreis
2 Tassen Wasser
2 MS Vollmeersalz

600–700 g verschiedenes Obst, je nach Jahreszeit
Saft von 1 Zitrone, unbehandelt
1–2 EL Honig
2 MS Delifrut
1/2 Becher Sahne (100 g)

Geräte
Tasse
feines Sieb
kleiner Kochtopf
Küchenmesser
Schneidebrett
Zitronenpresse
Schüssel für Obst
Esslöffel
hoher Mixbecher
Elektroquirl
Schüssel zum Anrichten
Stiel-Teigschaber

Süßes

Grießbrei
(für 2 Personen)

Stelle das Wasser zu, gib das Salz rein, und wenn es kocht, nimmst du es von der Kochstelle. Ganz langsam lässt du mit einem Messbecher den Grieß hineinlaufen. Dabei rührst du ständig mit der anderen Hand mit einem Schneebesen. Nun stellst du den Topf zurück auf die Kochstelle. ● Bei kleiner Hitze lässt du den Brei 2–3 Minuten leicht kochen. Nimm nun den Topf von der Herdplatte und rühre zuerst langsam mit dem Schneebesen die Sahne unter den Brei, dann den Honig. ● Zum Anrichten überstreust du ihn ganz dünn mit Zimt und reichst ein Kompott aus rohem Obst (siehe S. 255) dazu.

Zutaten
1/2 l Wasser
1 MS Vollmeersalz
125 g Vollkorngrieß
100 g Sahne
   (1/2 Becher)
1 EL Honig
Zimt

Geräte
kleiner Kochtopf
Messbecher
Schneebesen
Esslöffel
Schüssel zum
   Servieren

Gebackene Grießschnitten*
(für 2 Personen)

Gib in das kochende Wasser Salz und lasse mit einem Messbecher langsam den Grieß hineinlaufen. Mit einem Schneebesen rührst du dabei ständig um. Bei kleiner Hitze lässt du den Brei 2 Minuten leicht kochen und quellen. Mit Topflappen von der Herdplatte nehmen und Sahne, Zimt und Honig einrühren. ● Mit einem Teigschaber mit Stiel gibst du den fertigen Brei auf einen flachen Essteller und streichst ihn mit einem Messer glatt. ● Nach 1–2 Stunden ist der Brei kalt und fest, dann in 6 Stücke zerschneiden. ● In einem Suppenteller schlägst du mit einer Gabel ein Ei glatt, in einen zweiten Teller gibst du Semmelbrösel. Nun wendest du die Grießschnitten nacheinander in Ei und Semmelbröseln. ● In einer Pfanne lässt du eine Scheibe Butter zerlaufen (Herdeinstellung z. B. 2, wenn 3 die höchste ist). Lasse nun vom Teller die Grießschnitten auf einmal in die Pfanne gleiten. Nach ein paar Minuten, wenn sie hell gebacken sind, wendest du sie mit Hilfe einer Backschaufel und einer Gabel und bäckst sie auf der anderen Seite. Dazu passt rohes Apfelmus (siehe S. 262) oder Kompott aus rohem Obst (siehe S. 255).

❀ *Wälze die Schnitten statt in Ei in 4 EL Sahne.*

Zutaten
1/2 l Wasser
1 MS Vollmeersalz
175 g Vollkorngrieß
100 g Sahne (1/2 Becher)
2 MS Zimt
1 EL Honig
1 kleines Ei
Semmelbrösel
Butter zum Ausbacken

Geräte
kleiner Kochtopf
Messbecher
Schneebesen
Esslöffel
Topflappen
Teigschaber mit Stiel
flacher Essteller
Messer
2 Suppenteller
Gabel
große Pfanne
Backschaufel

Süßes

Hefepfannkuchen
(für 2 Personen)

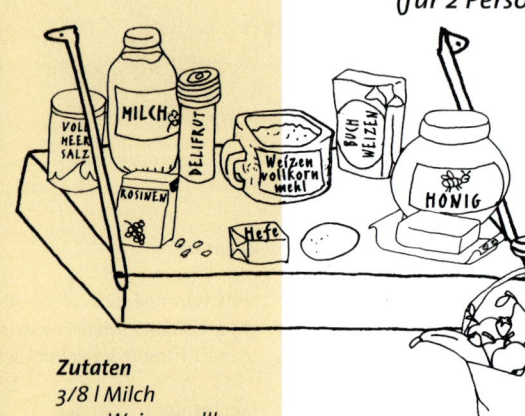

In einer Schüssel verrührst du die Milch mit dem frisch gemahlenen Weizen- und Buchweizenmehl und gibst Vollmeersalz, Honig, Ei, Delifrut und Hefe dazu. ● Dieser Teig muss nun 30 Minuten quellen. Dann schneidest du das Obst in feine Scheibchen und rührst es mit den Rosinen unter den Teig. ● In einer kleinen Pfanne lässt du eine Scheibe Butter zerlaufen und gibst ca. 1/2–1 Schöpfer Teig in die Pfanne. Rühre vorher immer im Teig um, damit Obst und Mehl gleichmäßig verteilt sind. (Die Herdeinstellung ist z. B. 2, wenn 3 die höchste Stufe ist; bei Gas zwischen großer und kleiner Flamme.) Während des Backens schiebst du die Pfanne öfters hin und her, damit sich der Pfannkuchen löst. Ist er auf der Unterseite hell gebacken, legst du ein kleines Eckchen Butter auf, drehst ihn mit der Backschaufel um und bäckst ihn auf der anderen Seite. ● In der vorgewärmten Röhre (100 Grad) legst du ihn auf eine Platte, bis alle anderen auch gebacken sind. Die Teigmenge ergibt 8 Pfannkuchen.

Zutaten
3/8 l Milch
125 g Weizenvollkornmehl
2 EL Buchweizen
1/2 TL Vollmeersalz
1 EL Honig
1 Ei
1/2 TL Delifrut
1/2 Würfel Hefe (20 g)

500 g Äpfel oder Birnen oder Bananen
2 EL Rosinen
Butter zum Ausbacken

Geräte
Rührschüssel
Schneebesen
Getreidemühle
Teelöffel
Esslöffel
Schneidebrett
Küchenmesser
kleine Pfanne
Backschaufel
Porzellanplatte

Hirsebrei🌼

(für 2 Personen)

Setze das Wasser zu, gib die Vanillestange, die Zimtstange und das Salz hinein. Wenn es kocht, lässt du die Hirse hineinlaufen, rührst um, lässt sie bei geschlossenem Topf 10 Minuten leicht kochen und bei kleiner Hitze 15 Minuten quellen. ● Mit einem Schneebesen rührst du die Sahne und den Honig unter und gießt den Brei zum Servieren in eine Schüssel. ● Dazu passt Kompott aus rohem Obst (siehe S. 255).

Zutaten
*1/2 l Wasser
3 cm Vanillestange
3 cm Zimtstange
1 MS Vollmeersalz
150 g Hirse
100 g Sahne (1/2 Becher)
1 EL Honig*

Geräte
*kleiner Kochtopf
Küchenmesser
Messbecher
Kochlöffel
Schneebesen
Esslöffel
Schüssel zum Servieren*

Süßes

Kartäuser-Klöße mit roter Fruchtsauce*
(für 2 Personen)

Reibe die frischen Vollkornbrötchen auf einem Reibeisen ringsherum ab, damit die ganze Kruste weg ist. Die abgeriebenen Semmelbrösel stellst du einstweilen beiseite. ● Verrühre in einer Schüssel mit großem Boden mit einem Schneebesen Milch, Ei, Honig, Vanille und Zimt. Schneide jedes Brötchen einmal senkrecht durch und lege alle in die Milchsauce. ● Nach einigen Minuten wendest du die Brötchen, damit sie sich von allen Seiten vollsaugen, im Ganzen etwa 20 Minuten. ● Erhitze nun in einer großen Pfanne die Butter (Herdeinstellung z. B. 2, wenn 3 die höchste ist), nimm die Brötchen aus der Milch, wende sie in den abgeriebenen Semmelbröseln und lege sie ins heiße Fett. Brate sie langsam auf allen Seiten an, Gesamtbratzeit ca. 10 Minuten. Lege sie auf eine Platte und serviere sie mit roter Sauce.

Rote Fruchtsauce
Wasche und schneide die Erdbeeren oder Himbeeren, gib den Honig dazu und lasse sie stehen, dass sie Saft ziehen. Dann mixt du sie und füllst sie in einen kleinen Krug oder eine Sauciere.

 Verwende statt Milch und Ei 1/8 l Wasser und 150 g Sahne.

Zutaten
5 Vollkornbrötchen
1/4 l Milch
1 Ei
2 EL Honig
1 MS Vanille
1 TL Zimt
20 g Butter

400 g reife Erdbeeren oder Himbeeren, frisch oder tiefgekühlt
1–2 TL Honig

Geräte
Reibeisen
Schüssel
große Schüssel
Schneebesen
Messbecher
Küchenmesser
Schneidebrett
Esslöffel
große Pfanne
Backschaufel
Gabel
Teelöffel

Polnische Quarkknödel

(für 2 Personen)

Mit einem Schneebesen rührst du die Butter glatt, rührst das Ei, Honig und den Schichtkäse (= trockener Quark) nacheinander dazu. Mit einem Kochlöffel rührst du nun das frisch gemahlene Weizenvollkornmehl und das Vollmeersalz darunter und lässt diesen Quarkteig 15 Minuten quellen. ● Gib Wasser und Salz in einen Topf und stelle ihn auf die Kochplatte. Bringe den Inhalt zum Kochen. In das leicht kochende Wasser tauchst du einen Esslöffel kurz ein und stichst damit vom Quarkteig einen länglichen Knödel ab. Tauche nun den Esslöffel erneut in das leicht kochende Wasser, bis der Knödel von selbst in das Wasser gleitet. So machst du es weiter, bis alle Knödel geformt und eingelegt sind. Die angegebene Menge ergibt ca. 12 Knödel. ● Lasse die Knödel 5 Minuten leicht kochen und 5 Minuten ziehen. Dann hebst du sie mit einem Sieblöffel auf eine vorgewärmte Platte. ● Zu den Quarkknödeln reichst du Vanillesauce (siehe S. 80).

Zutaten
25 g Butter
1 kleines Ei
1 EL Honig
250 g Schichtkäse
100 g Weizenvollkornmehl
1 MS Vollmeersalz

1 1/2 l Wasser
1 TL Vollmeersalz

Geräte
Schneebesen
kleine Rührschüssel
Esslöffel
Getreidemühle
Kochlöffel
mittelgroßer Kochtopf
Messbecher
Sieblöffel
vorgewärmte Platte
Teelöffel

Süßes

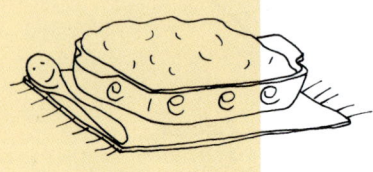

Quarkauflauf
(für 2 Personen)

Zutaten
1/4 l Wasser
1 MS Vollmeersalz
50 g Vollkorngrieß

25 g Butter
75 g Honig
1 Eidotter
2 MS Vanille
Schale von 1/2 Zitrone, unbehandelt
250 g Schichtkäse
1 Eiweiß

Geräte
Tasse
Messbecher
kleiner Topf
Schneebesen
Rührschüssel
Esslöffel
Küchenmesser
Reibeisen
Rührgerät
Auflaufform
Teigschaber
Pinsel

Stelle das Wasser mit Vollmeersalz zu, und lasse, wenn es kocht, den Grieß aus einer Tasse hineinlaufen. Dabei rührst du mit der anderen Hand mit dem Schneebesen gut um. Lasse den Grießbrei 2 Minuten kochen und danach abkühlen. ● Die Butter rührst du mit dem Schneebesen in einer Schüssel glatt und wiegst den Honig dazu. Eidotter, Vanille, abgeriebene Zitronenschale, Schichtkäse (= trockener Quark) und den abgekühlten Grießbrei nacheinander dazurühren. Zum Schluss den geschlagenen Eischnee unterziehen. ● In einer gefetteten, gebröselten Auflaufform verteilst du die Quarkmasse und bäckst sie 50–60 Minuten auf der untersten Schiene bei 200 Grad, Gas Stufe 4. ● Dazu kannst du Kompott aus rohem Obst (siehe S. 255) reichen.

Quarklaibchen
(für 2 Personen)

Die gekochten Kartoffeln lässt du abkühlen und schälst sie. Auf einer Gitterreibe dann fein reiben.
Mit Schichtkäse, Ei, frisch gemahlenem Weizenvollkornmehl, Vollmeersalz, Zimt, abgeriebener Zitronenschale und gewaschenen Rosinen zu einem Teig kneten. Mit feuchten Händen formst du etwa 10 Laibchen und legst sie auf einen Teller. ● In einer Pfanne zerlässt du eine Scheibe Butter (Herdeinstellung z. B. 2, wenn 3 die höchste Stufe ist; bei Gas stellst du die Flamme zwischen groß und klein). Gib die Laibchen hinein, backe sie 3–5 Minuten hellbraun, wende sie um und backe sie auch auf der anderen Seite. ● Nach dem Backen bestreust du sie hauchdünn mit Zimt. ● Dazu reichst du rote Fruchtsauce (siehe S. 130) oder rohes Apfelmus (siehe S. 262) oder rohes Zwetschgenmus (siehe S. 264).

Zutaten
400 g gekochte Kartoffeln
200 g Schichtkäse (trockener Quark)
1 Ei
50 g Weizenvollkornmehl
2 MS Vollmeersalz
2 MS Zimt
Schale von 1/2 Zitrone, unbehandelt
80 g Rosinen, ungeschwefelt
2 Scheiben Butter zum Ausbacken
Zimt zum Bestreuen

Geräte
Küchenmesser
Gitterreibe
Schüssel
Getreidemühle
feines Reibeisen
Sieb
Teller
Pfanne
Backschaufel

Süßes

Schlummerapfel

Zutaten
4 große Äpfel
200 g Weizen-
   vollkornmehl
1 MS Vollmeersalz
1/2 TL Zimt
1 Ei
1 EL Magerquark
1 EL Honig
40 g Butter

Füllung:
40 g Haselnüsse
1 EL Honig
1 EL Rosinen,
   ungeschwefelt

Mische unter das frisch gemahlene Weizenvollkornmehl Vollmeersalz und Zimt. ● Das Ei schlägst du in einer Tasse gut mit einer Gabel durch, gibst 2/3 davon zum Mehl und stellst den Rest auf die Seite, zum Bestreichen der fertigen Äpfel. ● Rühre den Quark, Honig und die klein geschnittene Butter mit einem Kochlöffel zu dem Mehl und knete dann mit der Hand alles fest zusammen. Der Teig muss jetzt 1/2 Stunde ruhen. Inzwischen machst du die Füllung: ● Reibe die Haselnüsse mit einer Nussmühle fein und vermische sie mit Honig und den Rosinen.
● Schäle nun die Äpfel im Ganzen ab. Lege sie auf ein Schneidebrett und stich mit dem Apfel-

ausstecher das Kernhaus heraus. Am besten, du stichst einmal von oben und dann nochmals von unten, damit wirklich alles gut heraußen ist. In die entstandenen Löcher füllst du die Nusspaste.
● Schneide den Teig in 4 Teile und walke auf einer bemehlten Arbeitsfläche mit dem Nudelholz jedes Teil aus. Lege einen Apfel darauf und drücke den Teig fest an den Apfel, sodass er ganz in den Teig eingewickelt ist. ● Stelle nun die fertigen Äpfel in eine leicht gefettete Springform, bestreiche die Äpfel mit dem zurückgelassenen Ei und schiebe sie in den vorgeheizten Ofen.
● Bei 180 Grad auf der unteren Schiene werden sie ca. 45 Minuten gebacken. ● Nimm sie vorsichtig mit Topflappen heraus und hebe die Schlummeräpfel mit der Backschaufel auf eine Platte. Sie schmecken warm als Mittagessen oder auch kalt sehr fein.

Geräte
Getreidemühle
Schüssel
Küchenmesser
Teelöffel
Tasse
Gabel
Esslöffel
Kochlöffel
Schüssel
Nussmühle
Schneidebrett
Apfelausstecher
Nudelholz
Springform
Backpinsel
Backschaufel
Platte

Süßes

Schneewittchen-Auflauf

Halbiere die Brötchen und schneide sie in feine Scheiben. Erwärme die Milch und verrühre darin mit einem Schneebesen Eidotter, Honig, Kakao und Zimt. Gieße das Gemisch über die Brötchen, reibe die Zitronenschale darüber, presse den Saft aus der Zitrone und gebe ihn dazu. Nun knetest du den Teig mit der Hand gut durch.

● Die Kirschen waschen, entstielen und unter den Teig rühren. Den Teig in eine gut gefettete Auflaufform streichen und bei 200 Grad auf der 2. Schiene von unten 35 Minuten backen.

● Eiweiß steif schlagen und den Honig unterziehen. Die heiße Auflaufform vorsichtig mit Topflappen aus der Röhre nehmen und auf einen Untersetzer stellen. Den Eischnee darauf verteilen und die Auflaufform nochmals für 5–7 Minuten in die Röhre stellen, bis der Schnee ganz leicht gebräunt ist.

Zutaten
5 Vollkornbrötchen (250 g)
1/4 l Milch
2 Eidotter
75 g Honig
1 EL Kakao
1 TL Zimt
Saft und Schale von 1/2 Zitrone, unbehandelt

500 g Kirschen
2 Eiweiß
1 EL heller Honig

Geräte
Schneidebrett
Küchenmesser
Schüssel
Messbecher
kleiner Topf
Esslöffel
Teelöffel
Schneebesen
feines Reibeisen
Zitronenpresse
Auflaufform
Backpinsel
Elektroquirl
Untersetzer
Topflappen

Du kannst dein Brot selbst backen

Brot

Dreikornbrot

Zutaten
300 g Sprießkornhafer
1/2 l kochendes Wasser

600 g Weizenvollkornmehl
300 g Roggenvollkornmehl
80 g Hefe
1/4 l lauwarmes Wasser
300 g Magerquark
1 gehäufter EL Vollmeersalz
Streumehl

Gib die ganzen Haferkörner in eine Schüssel und übergieße sie mit kochendem Wasser. Decke einen Teller darauf und lasse sie über Nacht, ca. 12 Stunden, quellen.
● Das frisch gemahlene Weizen- und Roggenvollkornmehl gibst du in eine große Backschüssel und drückst in die Mitte eine Vertiefung. Die Hefe verrührst du in dem lauwarmen Wasser (Fingerprobe), bis sie sich gelöst hat, und gießt sie in die Mitte der Backschüssel. Mit einem Kochlöffel rührst du nun nach und nach vom Rand her Mehl unter die Hefe, sodass ein dicker Brei entsteht. Dieser Brei heißt Vorteig. Streue etwas Mehl darüber und lasse ihn gehen. ● Nach ca. 15 Minuten ist er hochgestiegen und du kannst den Quark, das Vollmeersalz und die gequollenen Haferkörner samt dem Einweichwasser dazugeben. Verrühre zuerst alles mit dem Kochlöffel, und dann darfst du mit der Hand in den Teig. ● Stelle die Schüssel auf ein feuchtes Tuch, dass sie nicht wegrutscht, und knete den Teig 10 Minuten. Das ist eine lange Zeit, aber es lohnt sich. Wenn du nicht genug knetest, bröselt das Brot später beim Aufschneiden. Wenn der Teig sehr an der Hand klebt, tauche sie kurz in eine Schüssel Wasser, die du dir neben die Teig-

schüssel stellst, und knete dann weiter. Dieser Teig heißt Hauptteig. ● Danach bestreust du den Teig von allen Seiten mit Weizenvollkornmehl, deckst ihn mit einem Tuch ab und lässt ihn 2 Stunden gehen. Der Teig soll zum Gehen an einem warmen Ort stehen. ● Wenn er schön hochgestiegen ist, knetest du ihn auf einer bemehlten Arbeitsfläche nochmals fest durch. Dabei streust du immer wieder Mehl auf die Arbeitsfläche, dass der Teig nicht anklebt. ● Fette nun eine Springform (∅ 26 cm) ein und streue etwas Mehl hinein. Aus dem Teig formst du nun eine Kugel und legst diese in die Springform. Die Stelle, an der der Teig zusammenstößt, heißt der Teigschluss, und dieser kommt unten in die Form. Mit einem Tuch bedeckt, lässt du ihn an einem warmen Ort 1/2 Stunde gehen. ● Dann schiebst du das gegangene Brot in den auf 250 Grad vorgeheizten Ofen auf die unterste Schiene. Nun bäckt das Brot 20 Minuten bei 250 Grad, dann stellst du zurück auf 180 Grad und bäckst es noch 1 Stunde weiter. Dann schaltest du den Herd ab und lässt es noch 10 Minuten bei Nachhitze backen. ● Mit Topflappen nimmst du jetzt das Brot vorsichtig aus dem Ofen und stellst es auf ein Gitter zum Auskühlen. Nach einigen Minuten, wenn es nicht mehr so heiß ist, kannst du den Springformrand lösen und das Brot vom Springformboden heben. Auf dem Gitter lässt du das Brot bis zum nächsten Tag auskühlen. ● Dir wird noch nie ein Brot so gut geschmeckt haben wie das selbst gebackene.

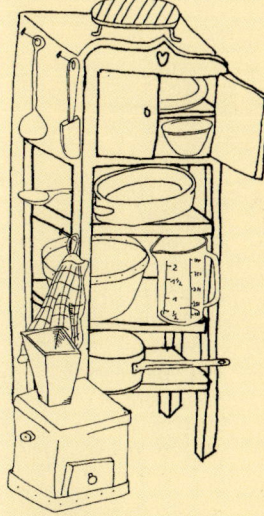

Geräte
Schüssel
kleiner Kochtopf
Messbecher
flacher Teller
Getreidemühle
große Backschüssel
Kochlöffel
Esslöffel
Wasserschüssel
Teigschaber
Geschirrtuch
Springform (∅ 26 cm)
Kuchengitter

Brot

Französisches Stangenbrot❋

Zutaten
650 g Weizen-
    vollkornmehl
40 g Hefe
1/2 l lauwarmes
    Wasser
2 TL Vollmeersalz
Streumehl

Gib das frisch gemahlene Weizenvollkornmehl in eine Teigschüssel und drücke in die Mitte des Mehls eine Vertiefung. Verrühre die Hefe in dem lauwarmen Wasser, gieße es in die Mitte des Mehls und rühre vom Rand her so viel Mehl darunter, dass ein dicker Brei entsteht. Streue darüber etwas Mehl vom Rand her und lasse ihn 15 Minuten gehen. ● Wenn der mittlere Teig hochgestiegen ist, gibst du das Salz hinzu, verrührst zuerst alles mit dem Kochlöffel und knetest dann den Teig mit der Hand 5–10 Minuten gut durch. Wenn die Hand klebt, tauchst du sie ins Wasser und knetest weiter. Danach bestreust du den Teig ringsherum mit Mehl und

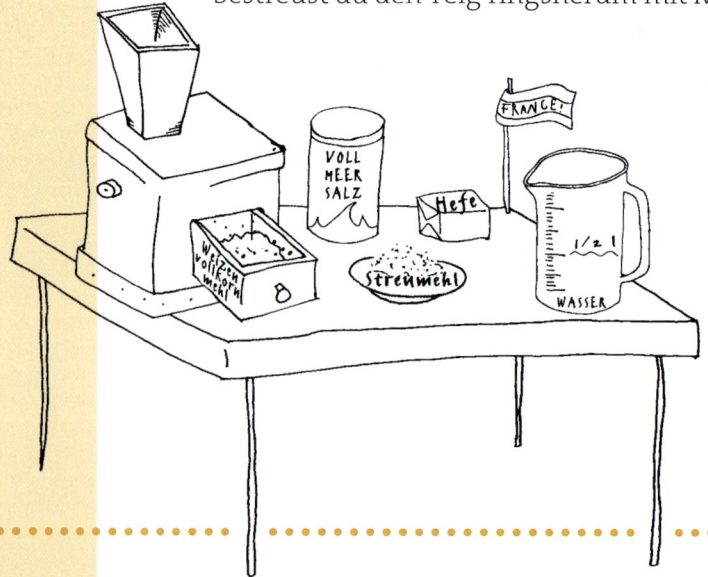

lässt ihn eine 3/4 Stunde gehen. ● Auf einer bemehlten Arbeitsfläche knetest du den gegangenen Teig nochmals kurz durch und schneidest ihn in 3 Teile. Aus jedem Teil rollst du mit beiden Händen eine Stange, so lang wie das Backblech. Die 3 Stangen lässt du, mit einem Tuch bedeckt, auf der Arbeitsfläche 15 Minuten gehen. Dann drehst du sie um und hebst sie auf das gefettete Blech. Mit dem Backpinsel bestreichst du die Stangen mit Wasser, bestreust sie mit Sesam und schneidest sie mit dem Küchenmesser 4- bis 5-mal schräg ein. ● Bei 220 Grad auf der untersten Schiene oder bei Gas Stufe 5 bäckst du sie 25 Minuten. Zum Auskühlen legst du die Stangen auf ein Gitter. Frisch gebacken, leicht warm, kannst du sie mit Butter schon servieren.

Geräte
Getreidemühle
Messbecher
Kochlöffel
Teigschüssel
Wasserschüssel
Küchenmesser
Backblech
Pinsel
Geschirrtuch
Kuchengitter
Teelöffel

Brot

Frühstücksbrot*

Zutaten
650 g Weizen-
vollkornmehl
1/2 Buttermilch
40 g Hefe

1 gehäufter TL
Vollmeersalz
Streumehl
1 EL Sesam

Ein Brot zu backen ist einfacher, als einen Kuchen zu backen. Fang nur erst mal an, du wirst sehen, es kann nichts schief gehen. ● Das frisch gemahlene Weizenvollkornmehl gibst du in eine Backschüssel und machst in die Mitte eine Vertiefung. Die Buttermilch erwärmst du ganz leicht (Fingerprobe), bröckelst die Hefe hinein und verrührst sie gut darin. Dann gießt du alles in die Mitte des Mehls und rührst mit dem Kochlöffel so viel Mehl vom Rand dazu, dass ein dicker Brei entsteht. Darüber streust du nun etwas Mehl vom Rand und lässt den Teig etwa 15 Minuten gehen. ● Wenn der Teig hochgestiegen ist, gibst du das Vollmeersalz dazu und knetest alles gut zusammen. Diesen Teig musst du nun 10 Minuten kneten, schaue dabei auf die Uhr. 10 Minuten sind eine lange Zeit, aber dafür wird das Brot umso schöner. Wenn du es zu kurz knetest, bröselt es beim Aufschneiden sehr. Klebt der Teig beim Kneten an der Hand, tauche sie zwischendurch ins Wasser und knete mit der nassen Hand weiter. ● Nach dem Kneten mahlst du noch etwas Mehl, streust es über den Teig und lässt ihn, mit einem Tuch zugedeckt, eine 3/4 Stunde lang gehen. Nun nimmst du den Teig aus der Schüssel und knetest ihn auf einer

Geräte
*Getreidemühle
Backschüssel
kleiner Kochtopf
Messbecher
Kochlöffel
Teelöffel
Wasserschüssel
Geschirrtuch
Kastenform, 30 cm
Backpinsel
Esslöffel
Kuchengitter*

bemehlten Arbeitsfläche nochmals kurz durch. Dann machst du eine 30 cm lange Rolle und legst sie in eine gefettete Kastenform. Mit einem Pinsel bestreichst du die Oberfläche des Teiges mit Wasser und bestreust sie mit Sesam. Zugedeckt lässt du ihn noch 15 Minuten gehen. Im vorgeheizten Backofen wird das Brot bei 220 Grad auf der 2. Schiene von unten 40 Minuten gebacken (bei Gas Stufe 5). ● Mit Topflappen nimmst du die heiße Form aus dem Backofen. Nach ein paar Minuten, wenn sie nicht mehr ganz so heiß ist, stürzt du das Brot auf ein Gitter und drehst es wieder so herum, dass die mit Sesam bestreute Seite oben ist. ● Am nächsten Tag kannst du das Brot anschneiden, es schmeckt mit Butter und kalt gerührter Marmelade herrlich zum Frühstück. Nach dem Frischkornbrei, versteht sich!

Verwende statt Buttermilch 300 g Wasser und 200 g Sauerrahm.

Brot

Mein erstes Brot

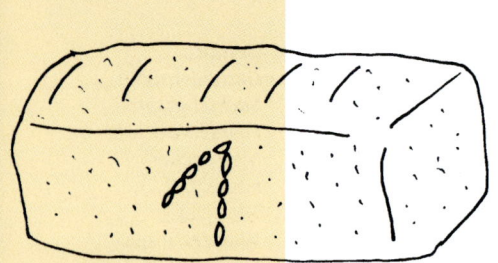

Zutaten
800 g Roggen-
   vollkornmehl
1 EL Kümmel
1 EL Koriander
1 EL Honig
10 g Hefe
   (= 1/4 Würfel)
1 l Wasser

800 g Weizen-
   vollkornmehl
4 TL Vollmeersalz
1/4 l Wasser
ca. 50 g Streumehl

Gib das frisch gemahlene Roggenvollkornmehl mit Kümmel und Koriander in eine große Backschüssel. Verrühre Honig und Hefe in warmem Wasser und gieße es in das Mehl. Mit einem Kochlöffel rührst du alles glatt. Decke nun die Schüssel mit einem großen Teller oder einer Platte zu und lasse sie 2 Stunden in der warmen Küche stehen. Der Teig wird sich in dieser Zeit verdoppeln. ● Nun gibst du das frisch gemahlene Weizenvollkornmehl dazu, löst das Salz im warmen Wasser auf und gießt es zum Teig. Mit der Hand greifst du nun durch den Teig und arbeitest Mehl und Wasser gut darunter. Der Teig ist nun fester geworden, und du kannst ihn noch kurz durchkneten. Du streichst ihn dann in der Schüssel glatt und bedeckst sie wieder mit einer Platte. Nach 2 Stunden ist der Teig wieder hochgestiegen. ● Bemehle nun die Arbeitsfläche mit Streumehl und fette 2 Kastenformen (35 cm Länge) mit Butter oder Öl ein. Mit einem Teigschaber nimmst du die Hälfte des Teiges aus der Schüssel. Mit etwas Streumehl knetest du ihn kurz durch. Dann wird er zu einer Rolle geformt, in die Kastenform gelegt und glatt gedrückt. Mit der anderen Teighälfte verfährst du ebenso.

● Heize die Backröhre auf 250 Grad vor. Wenn die Temperatur erreicht ist und das Brot in der Kastenform schon etwas gestiegen ist, dann schneidest du es mit einem Küchenmesser der Länge nach ein und schiebst es auf der untersten Schiene in die Backröhre. Nach 20 Minuten drehst du die Backtemperatur auf 180 Grad zurück und lässt das Brot noch 1 Stunde backen. Dann schaltest du die Röhre aus und belässt das Brot noch 10 Minuten dort. Mit Topflappen nimmst du die heißen Formen aus der Röhre und stellst sie auf ein Gitter. Nach ca. 15 Minuten kannst du das Brot aus der Kastenform stürzen.

● Am nächsten Tag kannst du dein Brot dann anschneiden.

Geräte
Getreidemühle
große Backschüssel
Messbecher
Esslöffel
Küchenmesser
Kochlöffel
Teelöffel
großer Teller
2 Kastenformen
  (35 cm Länge)
Backpinsel
Wassergefäß
Topflappen
Kuchengitter
Teigschaber

Brot

Walliser Nussbrot*

Zutaten
*700 g Weizen-
vollkornmehl
500 g Roggen-
vollkornmehl
1/2 l Buttermilch.
80 g Hefe (2 Würfel)*

*1/2 l Wasser
2 gestrichene EL
Vollmeersalz
200 g Walnusskerne
Streumehl*

Das frisch gemahlene Weizen- und Roggenvollkornmehl gibst du in eine große Backschüssel und machst in der Mitte eine Vertiefung.
● Erwärme die Buttermilch ganz leicht (Fingerprobe), bröckle die Hefe hinein und verrühre sie darin. Gieße die Milch nun in die Mitte des Mehls und rühre mit einem Kochlöffel vom Rand her so viel Mehl dazu, dass ein dicker Brei entsteht. Streue vom Rand her dünn Mehl darüber und lasse den Teig 15 Minuten gehen. ● Wenn der mittlere Teig hochgestiegen ist, gibst du das Wasser, Vollmeersalz und die Walnusskerne dazu und verrührst alles zuerst mit dem Kochlöffel, dann kannst du mit der Hand fest kneten, 10 Minuten lang solltest du es schon durchhalten. Das Brot wird dafür sehr schön. Wenn der Teig klebt, tauchst du deine Hand in die Wasserschüs-

sel, die du dir neben die Backschüssel stellst. Nach dem Kneten bestreust du den Teig rundherum mit Mehl, deckst ein Tuch über die Schüssel und lässt ihn 2 Stunden gehen. ● Nun knetest du den Teig auf einer bemehlten Arbeitsfläche nochmals kurz durch und legst ihn in eine gefettete Springform. Der Teigschluss, das ist dort, wo der Teig zusammenstößt, kommt unten in die Form. Der Teig muss jetzt nochmals 30 Minuten gehen. Dann schneidest du ihn mit einem scharfen Küchenmesser kreuzweise ein, ca. 1/2–1 cm tief, und schiebst ihn in den Ofen. ● Bei 250 Grad (Gas Stufe 5–6), unterste Schiene, bäckt er 20 Minuten, dann 60 Minuten bei 180 Grad (Gas Stufe 4) und 10 Minuten bei Nachhitze. Nimm das Brot vorsichtig mit Topflappen aus dem Ofen und stelle es auf ein Gitter. ● Nach ein paar Minuten kannst du die Springform öffnen und es aus der Form nehmen. Schneide es erst am nächsten Tag an. Mit Butter bestrichen ist es ein wahrer Gaumenschmaus. ● Das Brot wiegt gut 2 Kilo.

Geräte
*Getreidemühle
große Backschüssel
Messbecher
Milchtopf
Kochlöffel
Esslöffel
Wasserschüssel
Geschirrtuch
Springform (Ø 26 cm)
Küchenmesser*

❁ *Verwende statt Buttermilch 300 g Wasser und 200 g Sauerrahm.*

Brot

Pikantes Kleingebäck

Kleingebäck

Faschingsmasken ❊

Zutaten
750 g Weizen-
  vollkornmehl
2 TL Kümmel
1/2 TL Koriander,
  gemahlen
40 g Hefe
1/4 l Wasser
1 leicht gehäufter TL
  Vollmeersalz
1/4 Wasser

2 EL Sonnenblumen-
  öl, kaltgepresst

Zum Verzieren:
Kümmel
Mohn
Sesam
Paprika, süß
Sonnenblumenöl für
  das Backblech

Gib das frisch gemahlene Weizenvollkornmehl mit Kümmel und Koriander in eine Schüssel und drücke in die Mehlmitte eine Vertiefung. Löse die Hefe in lauwarmem Wasser auf, verrühre sie in der Mehlmitte zu einem dicken Brei, bestäube ihn mit Mehl und lasse ihn 15 Minuten gehen.
● Verrühre das Salz im Wasser, gib es zum gegangenen Teig und knete ihn mit der Hand 5 Minuten durch. Forme aus dem Teig eine Kugel, gib in die Schüssel 2 EL Öl und wälze die Teigkugel darin. Zugedeckt lässt du sie 45 Minuten gehen. ● Teile den gegangenen Teig auf der Arbeitsfläche in 2 gleich große Teile für 2 Masken. ● Von einem Teil schneidest du 6 Stücke in Esslöffelgröße, 4 Stücke in Teelöffelgröße und 2 Stücke in Haselnussgröße ab. Bestreiche das Backblech mit Öl und walke darauf den Teigrest in ovaler Form als Gesicht (35 x 25 cm) aus. ● Aus den esslöffelgroßen Teigstückchen drehst du 4 Kugeln, formst ein Stück zu einer Tropfenform als Nase, und eines drückst du zu einer großen Zunge. Zwei der Kugeln setzt du als Augen auf das Gesicht, die anderen beiden Kugeln werden zu Gesichtsbacken: Mit einer Backschaufel hebst du das Teiggesicht in Wangenhöhe rechts und links etwas an und schiebst je eine Kugel als (dicke) Backe darunter. Die tropfen-

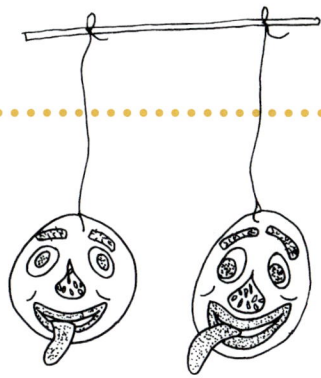

förmige Nase setzt du in die Mitte des Gesichts.
● Mit einem Teigrädchen schneidest du den Mund ein und ziehst ihn etwas auseinander.
● Aus den teelöffelgroßen Teigstückchen formst du 2 kürzere Stängchen und legst sie als Augenbrauen über die Augen. Zwei Stücke formst du zu längeren Stängchen und legst sie als Lippen um den leicht geöffneten Mund. Mit der Backschaufel hebst du die Oberlippen etwas hoch und schiebst ein Stückchen der Zunge darunter, die restliche Zunge legst du so, dass sie aus dem Mund herausschaut. Die haselnussgroßen Stücke drehst du zu Kugeln und setzt sie in die Augenmitte. ● Bestreiche nun folgende Teile zuerst mit Wasser und bestreue sie dann wie folgt:

Augenbrauen ⎯⎯ mit Kümmel
Augenmitte ⎯⎯ mit Mohn
Nase ⎯⎯ mit Sesam
Lippen ⎯⎯ mit Paprika
Zunge ⎯⎯ mit Paprika

Bei 220 Grad, oberste Schiene, bäckst du die Faschingsmaske 20 Minuten. In der Zwischenzeit formst du die zweite Maske wie beschrieben. Hebe die Masken leicht erkaltet auf ein Kuchengitter und lasse sie auskühlen.

Geräte
Getreidemühle
Schüssel
Teelöffel
Messbecher
Kochlöffel
Esslöffel
Geschirrtuch
Küchenmesser
2 Backbleche
Backpinsel
Nudelholz
Backschaufel
Teigrädchen
Kuchengitter

Kleingebäck

Fladenbrot-Express

Zutaten
200 g Weizenvollkornmehl
3/8 l Wasser
1 TL Vollmeersalz
2 EL kaltgeschlagenes Öl
je 1 EL Sesam, Mohn und Kümmel

Geräte
Getreidemühle
Messbecher
Esslöffel
Schüssel
Schneebesen
Teigschaber
Backblech
Backpinsel
Messer
Backschaufel
Teelöffel

Das frisch gemahlene Weizenvollkornmehl verrührst du mit Wasser, Vollmeersalz und Öl. Dann lässt du den Teig 15–30 Minuten quellen. ● Danach gibst du den Teig auf ein gefettetes Blech und verteilst ihn gleichmäßig. Du kannst ihn, ganz nach Geschmack, mit Sesam, Mohn oder Kümmel bestreuen. ● Das Blech schiebst du in den vorgeheizten Ofen, mittlere Schiene, und lässt es ca. 20 Minuten bei 225 Grad backen. Wenn die Ränder braun werden, nimmst du das Blech vorsichtig heraus und schneidest das dünne Fladenbrot in ca. 12 Stücke. Mit einer Backschaufel wendest du die Stücke und lässt sie nochmals 5–10 Minuten rösch backen, dann nimmst du das Blech vorsichtig heraus. ● Die Fladen kannst du, kurz abgekühlt, sofort essen. Mit Butter, Schnittlauch, Tomaten oder auch nur so zu Salaten oder Suppen schmecken sie bestens.

Käselaibchen

Gib das frisch gemahlene Weizenvollkornmehl in eine Teigschüssel und verrühre in der Mitte die in lauwarmem Wasser aufgelöste Hefe. Streue darüber etwas Mehl und lasse die Masse ca. 15 Minuten gehen.
● Auf einem Reibeisen reibst du den Käse fein; davon 2 gehäufte Esslöffel beiseite stellen, du brauchst sie später zum Bestreuen der Käselaibchen. ● Wenn der mittlere Teig hochgestiegen ist, gibst du Salz und Käse dazu und verrührst alles mit dem Kochlöffel. Dann knetest du den Teig mit der Hand 5–10 Minuten lang gut durch. Wenn der Teig an der Hand klebt, tauche diese kurz ins Wasser und knete weiter. ● Nun bestreust du den Teig ringsherum mit Mehl und lässt ihn zugedeckt 45 Minuten gehen. Danach knetest du den Teig auf einer bemehlten Arbeitsfläche nochmals durch und schneidest ihn in 4 Teile. Aus jedem Teil rollst du eine Kugel, die du dann mit dem Nudelholz ca. 1 1/2 cm dick auswalkst. Lege sie auf ein gefettetes Blech, bestreiche sie mit Wasser, streue den zurückbehaltenen Käse darauf und lasse sie noch 10 Minuten gehen. ● Backe sie bei 220 Grad 25 Minuten auf der untersten Schiene, bei Gas Stufe 5. Lege sie mit einer Backschaufel auf ein Gitter.

Zutaten
450 g Weizenvollkornmehl
1/4 l Wasser
20 g Hefe (1/2 Würfel)

125 g Gouda, mittelalt
1 TL Vollmeersalz
Streumehl

Geräte
Getreidemühle
Teigschüssel
Messbecher
Kochlöffel
Teelöffel
Wasserschüssel
Reibeisen
Geschirrtuch
Nudelholz
Backpinsel
Backblech
Backschaufel
Kuchengitter

Kleingebäck

Kaukasisches Fladenbrot

Zutaten
250 g Weizen-
   vollkornmehl
100 g Roggen-
   vollkornmehl
1/8 l Sauerrahm
1/8 l Wasser
30 g Hefe
1 TL Vollmeersalz
50 g Sonnenblumen-
   kerne, geschält
Streumehl

Geräte
Getreidemühle
Backschüssel
kleiner Kochtopf
Kochlöffel
Messbecher
Teelöffel
Wasserschüssel
Geschirrtuch
Küchenmesser
Nudelholz
Backblech
Backpinsel

Das frisch gemahlene Weizen- und Roggenvollkornmehl gibst du in eine Backschüssel. Sauerrahm, warmes Wasser und Hefe in der Mehlmitte verrühren, bis ein dicker Brei entsteht. Nun streust du vom Rand dünn Mehl darüber und lässt den Teig 15 Minuten gehen. ● Wenn der Teig ganz hochgestiegen ist, gibst du Vollmeersalz und Sonnenblumenkerne dazu und verrührst zuerst alles mit dem Kochlöffel, dann knetest du den Teig 5–10 Minuten durch. Wenn der Teig klebt, tauchst du die Hand ins Wasser, dann geht es besser. ● Nach dem Kneten mahlst du noch etwas Mehl, streust es über den Teig und lässt ihn, mit einem Tuch zugedeckt, eine 3/4 Stunde gehen. ● Nun nimmst du den Teig aus der Schüssel und knetest ihn auf der Arbeitsfläche nochmals kurz durch. Schneide ihn in 4 Teile, rolle jedes Teil zu einer Kugel, walke diese mit dem Nudelholz 1 cm dick aus, sodass 4 runde, flache Fladen entstehen. ● Die Fladen legst du auf ein gefettetes Blech, schneidest sie mit dem Messer gitterförmig ein und lässt sie nochmals 15 Minuten gehen. ● Im vorgeheizten Ofen bäckst du die Fladen bei 225 Grad (Gas Stufe 5) auf der mittleren Schiene 20–25 Minuten lang. Nach dem Backen auf einem Gitter auskühlen lassen.

Knäckebrot ❈

Das frisch gemahlene Weizenvollkornmehl verrührst du mit Vollmeersalz und Wasser. Die Butter lässt du in einer kleinen Pfanne zerlaufen, fettest damit das Backblech ein und gießt den Rest zum Teig. Verknete ihn nun mit der Butter und lasse ihn 15 Minuten ruhen. ● Danach knetest du den Sesam in den Teig und walkst ihn auf einem Backblech mit dem Nudelholz dünn aus. Unter das Backblech legst du ein feuchtes Spültuch, damit es nicht wegrutscht. ● Mit einer Gabel stichst du den ausgewalkten Teig sehr oft ein. Dann fährst du mit dem Teigrädchen 5-mal in Querrichtung und 2-mal in Längsrichtung über den Teig, sodass du 18 etwa gleich große Stücke erhältst. ● In der Backröhre, mittlere Schiene, bäckst du sie bei 220 Grad ca. 20 Minuten. Dann nimmst du mit Topflappen das Blech aus der Röhre und legst die Knäckebrotstücke mit einer Backschaufel auf ein Kuchengitter zum Auskühlen. ● Mit Butter bestrichen schmeckt das Knäckebrot köstlich.

Zutaten
300 g Weizenvollkornmehl
1 TL Vollmeersalz
1/4 l Wasser
50 g Butter
50 g Sesam

Geräte
Getreidemühle
Schüssel
Teelöffel
Messbecher
Kochlöffel
kleine Pfanne
Backblech
Backpinsel
Nudelholz
Gabel
Teigrädchen
Topflappen
Kuchengitter
Backschaufel

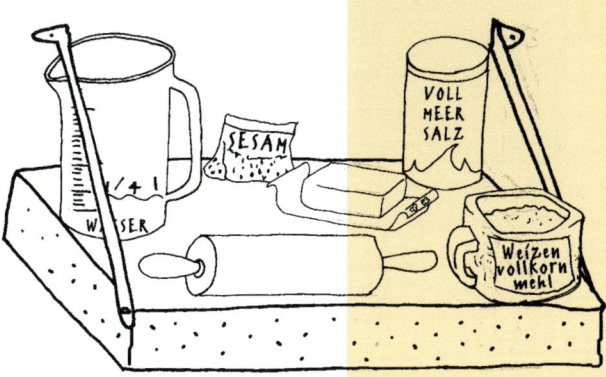

Kleingebäck

Nusskipfchen*

Zutaten
400 g Weizen-
    vollkornmehl
1/4 l Milch
20 g Hefe (1/2 Würfel)

75 g grob gehackte
    Haselnüsse
5 EL Wasser
1 TL Vollmeersalz
Streumehl

Gib das frisch gemahlene Weizenvollkornmehl in eine Backschüssel und mache in die Mitte des Mehls eine Vertiefung. ● Erwärme die Milch ganz leicht (Fingerprobe), bröckle die Hefe hinein, verrühre sie und gieße dies in die Mehlmitte.
● Mit einem Kochlöffel rührst du vom Rand her so viel Mehl unter die Milch, dass ein dicker Brei entsteht. Streue vom Rand dünn Mehl darüber und lasse ihn 15 Minuten gehen. ● Inzwischen lässt du die Nüsse durch eine Nussmühle mit großlochigem Einsatz, sodass diese nur grob zerkleinert sind. ● Wenn der mittlere Teig

hochgestiegen ist, gibst du das Wasser, Vollmeersalz und die Nüsse dazu. Nun knetest du den Teig 5 Minuten gut durch. Wenn der Teig an den Fingern klebt, dann tauche deine Hand ins Wasser und knete weiter. ● Nach dem Kneten bestreust du den Teig rundherum mit Mehl, deckst ein Tuch darüber und lässt ihn eine 3/4 Stunde gehen. Auf einer leicht bemehlten Arbeitsfläche knetest du ihn nochmals kurz durch, formst eine Rolle und schneidest diese in 10–12 gleich große Teile. Aus jedem Teil rollst du zuerst eine Kugel und rollst sie danach länglich, sodass ein Kipfchen entsteht. Dieses legst du auf ein leicht gefettetes Backblech und lässt sie 10 Minuten gehen. Mit einem Küchenmesser schneidest du die Kipfchen zweimal schräg ein, 1/2 cm tief, und schiebst sie in den Backofen. ● Bei 220 Grad (Gas Stufe 5) bäckst du sie ca. 25 Minuten auf der mittleren Schiene. Auf einem Kuchengitter lässt du sie auskühlen.

❀ *Statt Milch verwendest du 1/4 l Wasser*

Geräte
Teigschüssel
Getreidemühle
Messbecher
Kochlöffel
Milchtopf
Esslöffel
Teelöffel
Wasserschüssel
Nussmühle mit Großlocheinsatz
Küchenmesser
Backblech
Geschirrtuch
Kuchengitter

Kleingebäck

Party-Brötchen ✻

Zutaten
450 g Weizen-
   vollkornmehl
50 g Haselnüsse
1 TL Vollmeersalz
40 g Hefe
1/4 l Wasser
100 g Butter

In einer Schüssel mischst du das frisch gemahlene Weizenvollkornmehl mit den fein geriebenen Haselnüssen und Salz. Die Hefe löst du im lauwarmen Wasser auf und rührst sie in das Mehl. Nun schneidest du die Butter in kleinen Stückchen darüber und knetest alles zu einem geschmeidigen Teig zusammen. Du solltest diesen ca. 10 Minuten kneten, damit die Brötchen später nicht bröseln. Mit einem Tuch bedeckt lässt du den Teig 30–45 Minuten gehen, bis sich der Teig verdoppelt hat. ● Auf einer Arbeitsfläche knetest du den Teig nochmals kurz durch. Streumehl brauchst du dazu nicht, denn er ist geschmeidig und fett. Du halbierst den Teig und formst aus jedem Teil eine Rolle. Jede Rolle teilst du wieder in 10 Teile. Aus diesen Teilen rollst du auf der Arbeitsfläche mit dem Handballen eine Kugel und legst sie mit dem Teigschluss (also dort, wo der Teig zusammenstößt) nach unten auf ein gefettetes Backblech. Mit einem Messer

(oder Semmelstupfer) schneidest du sie kreuzförmig ein. ● Schiebe nun das Blech in die auf 100 Grad vorgeheizte Backröhre, mittlere Schiene, drehe nach 10 Minuten die Temperatur auf 220 Grad und backe danach 20 Minuten weiter. Dann nimmst du das Blech vorsichtig mit Topflappen aus der Röhre. Auf einem Kuchengitter lässt du das Blech mit den Brötchen auskühlen. ● Sie schmecken frisch gebacken und auch noch am nächsten Tag köstlich.

Geräte
Getreidemühle
Schüssel
Nussmühle
Teelöffel
Messbecher
Esslöffel
Küchenmesser
Geschirrtuch
Backblech
Backpinsel
Kuchengitter

Kleingebäck

Toni und Vroni

Zutaten
425 g Weizen-
vollkornmehl
1/4 l Milch
20 g Hefe (1/2 Würfel)

1 Scheibe Butter (20 g)
1 TL Vollmeersalz

Streumehl
1/2 Tasse Milch
4 EL Mohn
4 EL Sesam
4 EL Kümmel

Geräte
Getreidemühle
Teigschüssel
Milchtopf
Messbecher
Kochlöffel
Küchenmesser
Teelöffel
Ausstechformen,
   Männchen und
   Weibchen 12–15 cm
1–2 Backbleche
Backpinsel
Geschirrtuch

Das frisch gemahlene Weizenvollkornmehl gibst du in eine Backschüssel und machst in die Mitte eine Vertiefung. Die Milch erwärmst du ganz leicht (Fingerprobe), verrührst die Hefe darin und gießt sie in die Mitte des Mehls. Mit dem Kochlöffel rührst du vom Rand so viel Mehl dazu, dass ein dicker Brei entsteht. Bestäube ihn mit Mehl und lasse ihn 15 Minuten gehen. ● Wenn der Teig hochgestiegen ist, gibst du Butter und Salz dazu, verrührst alles gut und knetest den Teig dann 5 Minuten gut durch. Bestreue ihn ringsherum mit Mehl und lasse ihn zugedeckt 45 Minuten gehen. ● Auf einer bemehlten Arbeitsfläche walkst du den Teig 1/2 cm dick aus und stichst Männchen und Weibchen aus. Lege sie auf das gefettete Backblech, bestreiche sie mit Milch und bestreue sie.

Männchen: Weibchen:
Kopf — Mohn   Kopf — Kümmel
Pulli — Sesam   Pulli — Mohn
Hose — Kümmel   Rock — Sesam

Bei 200 Grad (Gas Stufe 4), mittlere Schiene, bäckst du sie 20–25 Minuten. Die angegebene Menge ergibt 10–12 Figuren, das sind 5–6 Pärchen. ● An Geburtstagen oder bei Einladungen macht ihr damit allen eine Freude.

Türkische Weizenfladen ✽

Das frisch gemahlene Weizenvollkornmehl gibst du in eine Backschüssel, drückst eine Vertiefung hinein und verrührst darin die in lauwarmem Wasser aufgelöste Hefe zu einem dicklichen Brei. Nun streust du vom Rand dünn Mehl darüber und lässt ihn 15 Minuten gehen. ● Wenn der Teig aufgegangen ist, gibst du lauwarmes Wasser, Salz und Schwarzkümmel dazu und verrührst erst einmal alles mit einem Kochlöffel. Dann knetest du den Teig mit der Hand ca. 5 Minuten, bestreust ihn dünn mit Mehl und lässt ihn, mit einem Tuch bedeckt, ca. 45 Minuten gehen. ● Den gegangenen Teig knetest du auf einer bemehlten Arbeitsfläche kurz durch und teilst ihn mit dem Teigschaber in 6 gleich große Stücke. Jedes Stück drehst du zu einer Teigkugel und walkst sie dann mit der Teigrolle zu einem Fladen, so groß, dass 3 Fladen auf ein gefettetes, bemehltes Backblech passen. Lasse die Fladen nochmal 15 Minuten gehen, bestreiche sie mit Wasser und schiebe das Backblech in den auf 250 Grad vorgeheizten Ofen, mittlere Schiene. ● Backe die Fladen ca. 12 Minuten bis zur leichten Bräunung. Mit dem zweiten Backblech machst du es ebenso. Die fertigen Fladen lässt du auf einem Kuchengitter auskühlen.

Zutaten
500 g Weizenvollkornmehl
1/4 l Wasser
40 g Hefe

150 ml Wasser
1 1/2 TL Vollmeersalz
3 EL Schwarzkümmel
2 EL Streumehl

Geräte
Getreidemühle
Backschüssel
Messbecher
Kochlöffel
Teigschaber
Teelöffel
Esslöffel
Teigrolle
2 Backbleche
Backpinsel
Kuchengitter

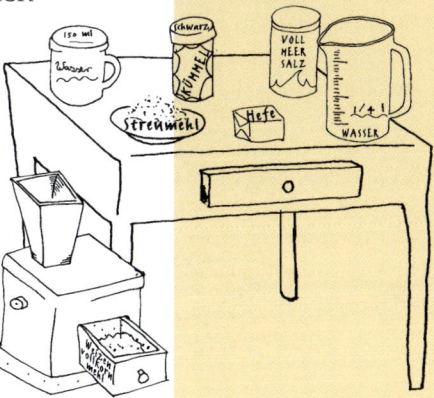

Kleingebäck

Zwiebelfladen ❊

Zutaten
450 g Weizen-
   vollkornmehl
1/4 l Buttermilch
20 g Hefe (1/2 Würfel)

200 g Zwiebeln
1 MS Kräutersatz
1 Scheibe Butter
1 TL Vollmeersalz
Streumehl

Das frisch gemahlene Weizenvollkornmehl gibst du in eine Backschüssel und machst in der Mitte eine Vertiefung. Erwärme die Buttermilch ganz leicht (Fingerprobe), bröckle die Hefe hinein, verrühre sie und gieße sie in die Mitte des Mehls. Nun rührst du vom Rand her etwas Mehl unter die Milch, bis ein dicker Brei entsteht. Streue vom Rand her dünn Mehl darüber und lasse den Teig 15 Minuten gehen. ● Inzwischen schälst du die Zwiebeln, schneidest sie in grobe Würfel, ca. 1/2 cm dick, und bestreust sie hauchdünn mit Kräutersalz. In einer Pfanne zerlässt du die Butter (Herdeinstellung 2, wenn 3 die höchste ist), gibst die Zwiebeln hinein und wendest sie mit der Backschaufel und Gabel ständig, bis sie glasig aussehen (ca. 5 Minuten). Stelle sie auf die Seite und lasse sie auskühlen. ● Wenn der mittlere Teig hochgestiegen ist, gibst du das Salz und die Zwiebeln dazu, verrührst alles mit dem Kochlöffel und knetest anschlie-ßend den Teig 5–10 Minuten gut durch. Wenn der

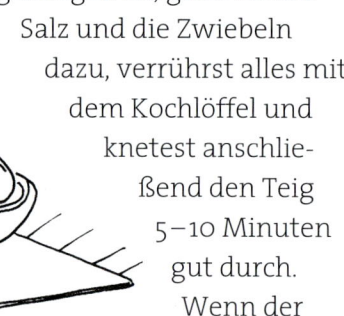

Teig an den Händen klebt, tauchst du sie kurz ins Wasser und knetest weiter. ● Nach dem Kneten bestreust du den Teig rundherum mit Mehl, deckst ein Tuch darüber und lässt ihn eine 3/4 Stunde gehen. ● Nun knetest du den Teig auf einer bemehlten Arbeitsfläche nochmals kurz durch und schneidest ihn in 4 Teile. Aus jedem Teil machst du eine Kugel, die du dann mit dem Nudelholz 1 cm dick auswalkst, sodass 4 runde flache Fladen entstehen. Lege sie auf ein gefettetes Backblech, schneide sie mit einer Schere rundherum einige Male 2 cm tief ein und lasse sie nochmals 15 Minuten gehen. ● Im vorgeheizten Ofen bäckst du sie bei 225 Grad (Gas Stufe 4–5) auf der mittleren Schiene 20–25 Minuten lang. Nimm sie mit einer Backschaufel vom Blech und lasse sie auf einem Gitter auskühlen. ● Du kannst sie schon leicht warm, mit Butter bestrichen, essen.

Geräte
Messbecher
Getreidemühle
Teigschüssel
Milchtopf
Wasserschüssel
Kochlöffel
Küchenmesser
Holzteller
Pfanne
Backschaufel
Gabel
Geschirrtuch
Backblech
Nudelholz
Schere

❀ *Verwende statt Buttermilch 1/8 l Sauerrahm und 1/8 l Wasser.*

Kleingebäck

Zigeunerkrapfen

Zutaten
Brandteig siehe S. 182

Füllung:
125 g Doppelrahm-
  Frischkäse
250 g Schichtkäse
  (fester Quark)
3 EL Tomatenmark
1 TL Paprika
1 TL Kräutersalz
200 g grüne
  Paprikaschoten
100 g rote Zwiebeln

Geräte
Backblech
Backpinsel
Teelöffel
Kuchengitter
Schüssel
Kochlöffel
Schneidebrett
Küchenmesser
Platte

Du bereitest den Brandteig wie auf Seite 182 beschrieben zu. Auf ein gut gefettetes Backblech setzt du aus dem Teig mit einem Teelöffel 20–24 kleine Häufchen = Krapfen. ● Im gut vorgeheizten Backofen bäckst du sie auf der 2. Schiene von unten ca. 25 Minuten bei 200 Grad. Die ersten 15 Minuten das Rohr nicht öffnen. Auf einem Kuchengitter lässt du sie auskühlen. ● Füllung: Verrühre in einer Schüssel den Frischkäse mit Schichtkäse, Tomatenmark, Paprika und Kräutersalz. Die Paprikaschoten schneidest du zuerst in dünne Streifen und daraus in kleine Würfel. Die Zwiebeln ebenfalls klein würfeln und beides zur Füllung rühren. ● Die ausgekühlten Krapfen schneidest du wie eine Semmel auf, verteilst die Füllung auf den unteren Hälften und legst den Deckel wieder auf. ● Auf einer Platte stellst du sie in den Kühlschrank, bis deine Gäste kommen.

Kuchenbäckers Lieblingsrezepte

... backe bitte lauter Liebe in den Kuchen mit hinein ...

Kuchen

Apfelkuchen ✻

Zutaten
Teig:
300 g Weizen-
 vollkornmehl
20 g Hefe
 (= 1/2 Würfel)
1/8 l Wasser

50 g Butter
50 g Honig
Schale von
 1/2 Zitrone,
 unbehandelt
1 MS Vollmeersalz

Belag:
600 g Äpfel
 (z. B. Boskoop)
Saft von 1/2 Zitrone,
 unbehandelt
25 g Butter
50 g Rosinen,
 ungeschwefelt
30 g Wal- oder
 Haselnüsse

Gib das frisch gemahlene Weizenvollkornmehl in eine Teigschüssel und drücke in die Mehlmitte eine Vertiefung. Verrühre die Hefe in lauwarmem Wasser und gieße sie in die Vertiefung. Rühre nun vom Rand her etwas Mehl so dazu, dass ein dicker Brei entsteht. Dünn mit Mehl bestreut, lässt du ihn 15 Minuten gehen. ● In einer kleinen Pfanne lässt du die Butter zerlaufen und gibst sie mit dem Honig zum gegangenen Teig. Mit einem feinen Reibeisen reibst du die halbe, gewaschene Zitronenschale hinein und gibst noch Salz dazu. Knete nun alles einige Minuten zu einem glatten Teig. Bestreue ihn leicht mit Mehl, und lasse ihn, mit einem Tuch bedeckt, etwa 30 Minuten gehen.

- Schäle die Äpfel, schneide sie in Viertel und nimm das Kernhaus heraus. Schneide sie nochmals durch, sodass du Achtel hast. Presse die halbe Zitrone aus, gib den Saft in einen Teller und wälze die Apfelschnitze darin. ● Den gegangenen Teig knetest du nochmals kurz durch und drückst ihn mit den Händen glatt in eine gefettete Springform. Am Rand drückst du den Teig mit dem Finger 1 cm hoch. ● Nun belegst du den Teigboden kreisförmig mit den vorbereiteten Apfelschnitzen. Zerlasse nun die Butter in einer kleinen Pfanne und bestreiche damit die Apfelschnitze mit dem Backpinsel. Streue darauf die gewaschenen Rosinen und grob gehackten Nüsse. ● Im vorgeheizten Ofen bäckst du den Kuchen ca. 35 Minuten bei 200 Grad auf der 2. Schiene von unten. ● Stelle ihn zum Auskühlen auf ein Gitter und nimm ihn danach aus der Springform.

Geräte
Getreidemühle
Teigschüssel
Messbecher
Kochlöffel
kleine Pfanne
Esslöffel
Reibeisen
Küchenmesser
Kartoffelschäler
Zitronenpresse
Teller
Springform (Ø 26 cm)
Backpinsel
Küchengitter
Geschirrtuch
Schneidebrett

Kuchen

Apfelmuskuchen*

Zutaten
350 g Weizen-
   vollkornmehl
1 TL Backpulver
1 MS Vollmeersalz
1 gehäufter TL Zimt
80 g Honig
100 g Butter
1 Ei

1000 g Äpfel
1 EL Honig
2 MS Delifrut
Streumehl

Mische in einer Schüssel das frisch gemahlene Weizenvollkornmehl mit Backpulver, Vollmeersalz und Zimt. Wiege nun die Schüssel, lasse 80 g Honig dazulaufen, schneide die kalte Butter darüber und gib das Ei dazu. Verrühre nun alles zuerst mit dem Kochlöffel und knete es dann mit der Hand zu einem Teig zusammen. Er ist zuerst ganz bröselig, wird aber durch das Kneten ganz geschmeidig. Der Teig muss nun eine halbe Stunde ruhen. ● Jetzt schneidest du die Äpfel in Viertel und schneidest das Kernhaus heraus. Die Äpfel schälst du nur, wenn die Schalen sehr hart und runzlig sind. ● Den Teig teilst du nun, zwei Drittel brauchst du für den Boden, ein Drittel für die Gitter. Breite den Teig mit den Händen in die ungefettete Springform (Ø 26 cm) und drücke einen 2 cm hohen Rand hinauf. ● Den kleineren Teil walkst du auf einer

leicht bemehlten Arbeitsfläche länglich aus und schneidest mit dem Teigrädchen 10 Streifen daraus. ● Die Äpfel reibst du mit der Küchenmaschine ganz fein, mischst Honig und Delifrut darunter und streichst das Mus auf den Teigboden. Mit einem langen Messer hebst du die Teigstreifen auf das Mus, 5 Streifen in einer Richtung, die anderen quer darüber, sodass Gitter entstehen. ● Der Kuchen wird nun im vorgeheizten Ofen bei 200 Grad (bei Gas Stufe 4) auf der mittleren Schiene 30–35 Minuten gebacken. Mit Topflappen nimmst du den fertigen Kuchen heraus und stellst ihn auf ein Gitter zum Abkühlen. Erst wenn er kalt ist, löst du mit einem kleinen Messer vorsichtig den Kuchenrand von der Springform und öffnest diese. Schiebe nun einen Pappteller oder Kuchenretter unter den Kuchen und lasse ihn auf eine Porzellanplatte gleiten. ● Du kannst nun Tee und geschlagene Sahne dazu reichen.

❀ *Verwende statt Ei 4–5 EL lauwarmes Wasser.*

Geräte
Getreidemühle
Backschüssel
Teelöffel
Küchenmesser
Kochlöffel
Springform (Ø 26 cm)
Nudelholz
Teigrädchen
Küchenmaschine mit
  Reibetrommel oder
  Rohkostreibe
Esslöffel
Kuchengitter
Kuchenretter oder
  Pappteller
Kuchenplatte

Kuchen

Geburtstagsrolle

Zutaten
1 Scheibe Butter (20 g)
4 EL Vollkornsemmelbrösel

4 Eier
4 EL kaltes Wasser
125 g Honig
125 g Weizenvollkornmehl
1 MS Backpulver

Füllung:
500 g Erdbeeren oder Himbeeren oder Ananas
1/4 l Sahne
2 EL Honig
2 MS Delifrut

1/4 l Sahne zum Verzieren
1/2 TL Kakao

Nimm ein Backblech, fette es mit Butter und lege darauf Butterbrotpapier. Fette nun das Butterbrotpapier gut ein und streue die Vollkornsemmelbrösel darüber. Heize die Röhre auf 225 Grad (Gas 4–5) vor, mahle den Weizen, mische das Mehl mit Backpulver und wiege den Honig ab. ● Trenne nun vorsichtig die Eier, gib das Eiweiß in eine Rührschüssel und die Eidotter in eine Tasse. Gib nun zum Eiweiß das Wasser und rühre es mit einem elektrischen oder Handrührgerät steif. Nun gibst du Honig und Eidotter dazu und rührst 1 Minute weiter. Mit einem Schneebesen hebst du das frisch gemahlene Weizenvollkornmehl unter die Schaummasse. ● Verteile diesen lockeren Teig rasch auf dem vorbereiteten Backblech und schiebe ihn gleich ein. Bei 225 Grad, mittlere Schiene, ca. 10 Minuten backen (Gas Einstellung 4–5). ● Auf einer Arbeitsfläche breitest du ein großes Geschirrtuch aus und stellst eine Tasse kaltes Wasser mit Backpinsel bereit. ● Wenn der Teig hell- bis mittelbraun gebacken ist, nimmst du mit Topflappen vorsichtig das Blech aus der Röhre und stürzt es auf das Geschirrtuch. Stelle das Blech beiseite und ziehe das Papier vom Teig. Wenn es nicht gut abgeht, bestreiche es mit kaltem Wasser und ziehe es dann ab. Rolle nun

den Teig *mit* dem Geschirrtuch auf. Nach etwa einer Stunde ist der Teig abgekühlt, und du kannst ihn füllen.

Füllung:
Die Erdbeeren oder Himbeeren waschen, abtropfen und entstielen, die Erdbeeren in Scheibchen schneiden. Die Ananas teilen, den mittleren Strunk und die Schale mit einem gezackten Messer wegschneiden und zuerst in Streifen und dann in kleine Stückchen schneiden. ● Die Sahne steif schlagen, Honig und Delifrut dazugeben und kurz weiterschlagen. Die gesüßte Sahne unter das vorbereitete Obst geben. ● Rolle das Geschirrtuch auf und bestreiche den Teig mit der Füllung. ● Nimm nun eine längliche Platte und stelle sie ganz dicht an die Längsseite des bestrichenen Teiges, oder hebe sie ein wenig unter den Teig. Nun hebst du das Tuch auf, sodass der Teig sich mit der Füllung zusammenrollt. Mit Hilfe des Tuches schiebst du ihn gleich auf die Kuchenplatte. ● Nun stellst du die Rolle ca. 1 Stunde kühl. ● Mit der steif geschlagenen Sahne bestreichst du die Rolle auch an Anfang und Ende und bestreust sie mit Hilfe eines Teesiebes ganz fein mit Kakao. Darauf spritzt du nun mit einer Sahnespritze den Vornamen des Geburtstagskindes.

Geräte
Backblech
Backpinsel
Butterbrotpapier
Getreidemühle
Schüssel
Rührschüssel
Tasse
Rührgerät
Schneebesen
Küchenmesser
Teigschaber
Tasse
Geschirrtuch
gezacktes Messer
Schüssel
Sieb
Schneidebrett
hoher Rührbecher
Stiel-Teigschaber
Kuchenplatte
Sahnespritze
Teesieb
Teelöffel

Kuchen

Gesundheitskuchen

Zutaten
200 g Butter
200 g Honig
4 große oder 5 kleine Eier
Saft und Schale von 1 Zitrone, unbehandelt
500 g Weizenvollkornmehl
1 Backpulver
1 MS Vollmeersalz
1/8 l Milch

2 EL Semmelbrösel

Geräte
Teigschüssel
Schneebesen
Tasse
Reibeisen
Zitronenpresse
Getreidemühle
Schüssel
Küchenmesser
Teigschaber
Messbecher
Gugelhupfform
Backpinsel
Kuchengitter
Esslöffel

Rühre in einer Teigschüssel mit einem Schneebesen die weiche Butter glatt, wiege den Honig dazu und rühre gut weiter. Gib nun ein Ei nach dem anderen dazu und rühre zwischendurch alles immer wieder gut durch. Reibe nun das Gelbe der Zitronenschale hinein und rühre den ausgepressten Zitronensaft dazu. ● Das frisch gemahlene Weizenvollkornmehl mischst du mit Backpulver und Vollmeersalz und rührst es nach und nach zum Teig, ebenso die Milch. ● Streiche eine Gugelhupfform gut mit Butter ein, bestreue sie an den bestrichenen Flächen mit Semmelbröseln und fülle sie gleichmäßig mit dem Teig.
● Im vorgeheizten Ofen bäckst du sie bei 165 Grad (Gas Stufe 2–3) ca. 1 Stunde auf der untersten Schiene. Prüfe mit einem Zahnstocher oder Schaschlikstäbchen, ob der Kuchen fertig ist: Der Teig darf nicht mehr hängen bleiben.
● Nimm ihn vorsichtig aus der Röhre und stelle ihn auf ein Gitter. Nach ca. 3 Minuten legst du das Gitter auf den Kuchen, drehst ihn mit dem Gitter um und hebst ganz vorsichtig die Form vom Kuchen. ● Am nächsten Tag kannst du den Kuchen anschneiden. Bei Geburtstagen kannst du in die Kuchenmitte eine Kerze stellen.

Veränderung:
In einer zweiten Teigschüssel verrührst du mit einem Schneebesen Honig, Milch und Kakao, gibst etwa ein Drittel des oben beschriebenen fertig gerührten Teiges dazu und verrührst alles zu einem dunklen Teig. ● Nachdem du den hellen Teig in die Gugelhupfform gefüllt hast, gibst du den dunklen Teig darüber. Mit einer Gabel rührst du einmal spiralförmig den Teig in der Form durch, damit ein hell-dunkles Marmormuster im Kuchen entsteht. ● Den Kuchen bäckst du wie oben angegeben.

Zutaten
1 EL Honig (50 g)
4 EL Milch
3 EL dunkler Kakao

Kuchen

Gewürzkuchen

Zutaten
125 g Butter
250 g Honig
3 Eier
350 g Weizen-
  vollkornmehl
1 TL Backpulver
1 MS Vollmeersalz
1 MS Nelken,
  gemahlen
1 EL Zimt
2 EL Kakao, dunkel
1/8 l Milch
1 EL Semmelbrösel

Geräte
Rührschüssel
Getreidemühle
Schneebesen
Esslöffel
Küchenmesser
Messbecher
Kastenform (30 cm)
Teigschaber
Backpinsel
Kuchengitter
Teelöffel

In einer Rührschüssel rührst du mit dem Schneebesen die Butter sahnig. Dann kommt der Honig dazu: Stelle die Schüssel auf die Waage, wiege sie und zähle die Honigmenge dazu. Nach weiterem Rühren gibst du die Eier dazu, eines nach dem anderen. Dabei musst du gut weiterrühren, im Ganzen etwa 10 Minuten, umso lockerer wird der Kuchen. ● Unter das frisch gemahlene Weizenvollkornmehl mischst du Backpulver, Salz, Nelken, Zimt und Kakao. Dieses rührst du nun zu deinem Teig, abwechselnd mit der Milch. ● Eine Kastenform fettest du gut aus, bestreust sie am Boden und allen Seiten mit Semmelbröseln und füllst deinen Teig hinein. ● Bei 175 Grad (Gas Stufe 3) auf der untersten Schiene bäckst du ihn 50–55 Minuten. Probiere mit einem Holzstäbchen (wenn nichts hängen bleibt, ist der Kuchen fertig gebacken). Nimm ihn vorsichtig aus dem Backofen und stelle ihn auf ein Kuchengitter. Nach ca. 5 Minuten kannst du ihn aus der Form stürzen. Drehe ihn gleich wieder um, dass die gewölbte Seite nach oben schaut. ● Lasse ihn vor dem Anschneiden einen Tag ruhen. Mit Schlagsahne schmeckt er besonders gut.

Hefebutterkuchen*

Gib das frisch gemahlene Weizenvollkornmehl in eine Teigschüssel und mache in der Mitte eine Vertiefung. Erwärme die Milch leicht, verrühre darin die Hefe und gieße sie in die Mehlmitte. Rühre vom Rand her etwas Mehl in die Milch, sodass ein dicker Brei entsteht. Bestreue ihn mit etwas Mehl und lasse ihn 15 Minuten gehen. ● Dazu gibst du die weiche Butter, Honig und Vollmeersalz und knetest alles 5 Minuten gut durch. Bestreue den Teig dünn mit Mehl und lasse ihn, mit einem Tuch bedeckt, eine halbe Stunde gehen. ● Nun knetest du ihn nochmals kurz durch und machst eine Kugel daraus. Auf einer leicht bemehlten Arbeitsfläche walkst du ihn mit dem Nudelholz in Springformgröße aus. Lege ihn in die gefettete Springform und stich ihn mit der Gabel viele Male ein. ● Butter zerlaufen lassen und mit einem Backpinsel auf den eingestochenen Teig streichen. Sauerrahm mit Honig, Zimt und gehobelten Mandeln verrühren. Diesen Belag verteilst du mit einem Esslöffel auf dem Teig. ● Im vorgeheizten Ofen bäckst du den Kuchen ca. 30 Minuten bei 200 Grad, mittlere Schiene.

❀ *Verwende statt Milch 1/8 l Wasser und 1/8 l Sahne.*

Zutaten
450 g Weizenvollkornmehl
1/4 l Milch
20 g Hefe

50 g Butter
50 g Honig
1 MS Vollmeersalz
Streumehl

Belag:
40 g Butter
1/2 Becher Sauerrahm (100 g)
80 g Honig
1/2 TL Zimt
100 g gehobelte Mandeln

Geräte
Getreidemühle
Teigschüssel
Milchtopf
Messbecher
Kochlöffel
Esslöffel
Teelöffel
Küchenmesser
Geschirrtuch
Nudelholz
Springform (Ø 26 cm)
Gabel
kleine Pfanne
Backpinsel
kleine Schüssel
Kuchengitter

Kuchen

Hexenhaus aus Lebkuchen

Zutaten
Teig:
100 g Butter
500 g Honig
1 Ei
800 g Weizen-
 vollkornmehl
1 Päckchen
 Lebkuchengewürz
1 Päckchen
 Backpulver
2 MS Vollmeersalz
Streumehl

Schnitt
die Breitseiten des
 Hauses 17 x 11 cm
die Giebelseite des
 Hauses 16 x 11 cm
die Giebelhöhe des
 Hauses 20 cm
das Hausdach
 21 x 15 cm

Verrühre in einer Schüssel die Butter mit Honig und Ei. Vermische das frisch gemahlene Weizenvollkornmehl mit dem Lebkuchengewürz, Backpulver und Vollmeersalz und rühre dies mit einem Kochlöffel in die Schüssel. Verknete den Teig anschließend gut mit der Hand und lasse ihn, mit Mehl bestreut, 1/2–1 Stunde ruhen.
● In der Zwischenzeit legst du alles bereit, was du zum Verzieren des Hexenhauses brauchst.
● Die Haselnüsse werden halbiert. Wenn du die Mandeln erst abziehen musst, dann lies beim Rezept »Marzipankartoffeln«, Seite 246, nach, wie das geht. Wenn du die Mandeln abgezogen hast, dann halbiere sie so, dass du 2 Mandelhälften hast. Mit einem Apfelausstecher stichst du aus dem Orangeat und aus dem Zitronat kleine runde Scheiben aus. ● Aus Pappe schneidest du dir die Breitseite des Hauses, die Giebelseite und das Hausdach aus. ● Auf einer bemehlten Arbeitsfläche walkst du etwa ein Drittel des Teiges ca. 3 mm dick aus, legst den Schnitt der Breitseite des Hauses auf und schneidest es mit einem Messer aus. Aus diesem Teigstück schneidest du ein Fenster aus,

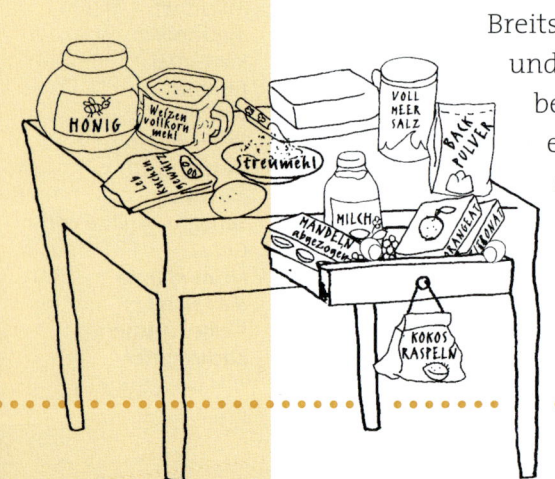

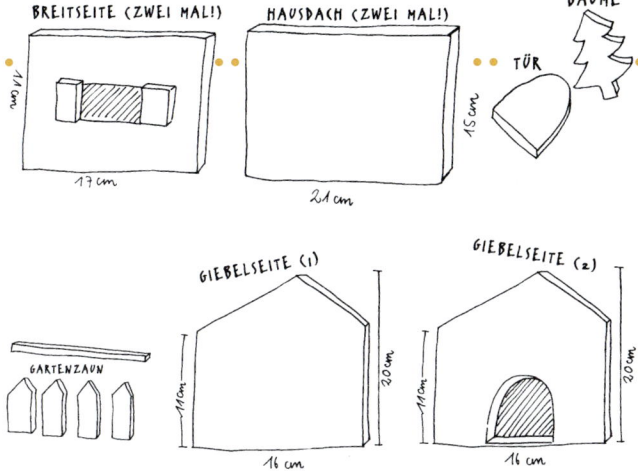

halbierst das ausgeschnittene Stück und klebst es (mit Milch) als Fensterladen an jede Seite des Fensters. Die Breitseite des Hauses musst du zweimal zuschneiden. Mit Hilfe des Schnittes, den du unter das ausgeschnittene Stück legst, hebst du die Teile auf ein gefettetes, bemehltes Backblech. ● Walke nun wieder ein Drittel des Teiges aus und schneide daraus die 2 Giebelseiten. Aus einer Giebelseite schneidest du gleich die Haustüre der Hexe (siehe Zeichnung) heraus und legst sie auf das Blech. ● Aus dem ausgewalkten letzten Drittel schneidest du die 2 Dachseiten aus und legst sie auf das bemehlte Blech. ● Die Teigreste knetest du nun zusammen, walkst sie aus, stichst ein paar Tannenbäume aus und schneidest Latten für den Gartenzaun aus. Mit einem längeren Stück verbindest du die Latten (siehe Zeichnung). ● Nun bestreichst du alle Hausseiten und das Dach mit Milch und belegst sie mit Haselnüssen, Mandeln, Pinienkernen, Zitronat- und Orangeatscheibchen (siehe Zeichnung). Auch ein paar kleine Brezeln

Geräte
Rührschüssel
Schneebesen
Getreidemühle
Kochlöffel
Nudelholz
Messer
Apfelausstecher
Schneidebrett
Küchenmesser
Tasse
Pinsel
3 Backbleche
Ausstechform für
  Tannenbaum
Backschaufel
Kuchengitter

Zum Verzieren:
1/4 Tasse Milch
100 g Haselnüsse
200 g abgezogene
  Mandeln
50 g Pinien
100 g Orangeat im
  Ganzen
100 g Zitronat im
  Ganzen
3 EL Kokosflocken

Kuchen

formst du zum Verzieren. Bäume und Zaun bestreichst du mit Milch und bestreust sie mit Kokosflocken. ● Bei 175 Grad (Gas Stufe 3), mittlere Schiene, bäckst du die 3 belegten Bleche 15–20 Minuten. Mit einer Backschaufel lockerst du vorsichtig die Teile und legst sie zum Auskühlen auf eine Arbeitsplatte oder auf ein Gitter. Die Teile müssen ganz gerade liegen, sonst kannst du sie später schlecht zusammenkleben. ● Am nächsten Tag kannst du das Haus zusammenkleben. In einen Eischnee rührst du nach und nach so viel Puderzucker, dass ein fester, aber noch geschmeidiger Leim entsteht. Mit einem Messer streichst du den Leim dick an die Hauskanten und klebst die 4 Hausseiten zusammen. Wenn diese fest sind, nach etwa einer Stunde, bestreichst du innen die Fensterkanten und klebst rotes Transparentpapier dahinter. Dann

HEXENHAUS

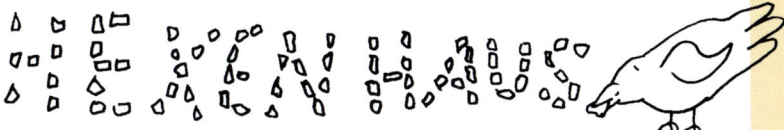

bestreichst du alle Dachkanten und die Giebelseiten und klebst das Dach auf das Haus. Bis es trocken ist, baust du eine Stütze unter beide Dachseiten, damit sie nicht herunterrutschen.
● Das fertig geklebte Haus stellst du auf ein Holzbrett. Mit einem Tupfer Leim stellst du die Haustüre ans Haus, die Bäume und die Zäune um das Haus. Hexe, Hänsel und Gretel stellst du zuletzt auf. ● Nach einiger Zeit wirst du ja nicht widerstehen können und daran knuspern und knabbern. Vergiss nicht, den Leim vorher wegzukratzen! Er könnte deinen Zähnen schaden.

Sonstige Zutaten
Leim:
250 g Puderzucker
1 Eiweiß

Sonstiges:
rotes Transparentpapier zum Hinterkleben der Fenster
3 kleine selbstgebastelte Puppen als Hexe, Hänsel und Gretel
Holzbrett zum Aufstellen des Hexenhauses
Pappe

Kuchen

Kirschkuchen versenkt

Zutaten
250 g Weizen-
 vollkornmehl
1/8 l Milch
20 g Hefe (1/2 Würfel)
60 g Butter
1–2 EL Honig
1 Ei
Schale von
 1/2 Zitrone,
 unbehandelt
1 MS Vollmeersalz
Streumehl

500 g Kirschen

Das frisch gemahlene Weizenvollkornmehl gibst du in eine Teigschüssel und machst in der Mitte eine Vertiefung. ● Die Milch erwärmst du leicht (Fingerprobe) und verrührst darin die Hefe. Gieße dies nun in die Mehlmitte und rühre mit dem Kochlöffel vom Rand her so viel Mehl dazu, dass ein dicker Brei entsteht. Bestreue ihn mit Mehl und lasse ihn 15 Minuten gehen. ● Lass im Milchtopf die Butter zerfließen, gib sie zum gegangenen Teig, ebenso den Honig und das Ei. Reibe auf einem feinen Reibeisen das Gelbe der Zitronenschale zum Teig, gib Salz dazu und verrühre alles gut. Dieser Hefeteig ist ganz weich, du kannst ihn nicht kneten, er wird gut geschlagen: Mit einem breiten Kochlöffel schlägst du den Teig von einer Schüsselseite zur anderen. Schlage gut unter den Teig, bis er nach 5–10 Minuten Blasen wirft. Bestreue den Teig dünn mit Mehl und lasse ihn zugedeckt 1/2 Stunde gehen. ● Fette eine Springform gut mit Butter und streiche den gegangenen Teig mit

dem Teigschaber glatt in die Form. Nun legst du die Kirschen darauf, nach Belieben kannst du sie vorher entsteinen. Drücke sie etwas in den Teig und backe ihn bei 200 Grad, 2. Schiene von unten, im vorgeheizten Ofen 30 Minuten (bei Gas backe auf Stufe 4). ● Nimm ihn mit Topflappen heraus, stelle ihn auf ein Gitter zum Auskühlen. Wenn er abgekühlt ist, machst du die Springform auf und hebst ihn mit einem Pappboden oder Kuchenretter auf eine Kuchenplatte. ● Frisch gebacken schmeckt dieser Kuchen am besten.

Geräte
Getreidemühle
Teigschüssel
Milchtopf
Messbecher
Kochlöffel
Esslöffel
Reibeisen
Küchenmesser
Springform (Ø 26 cm)
Kirschkernentsteiner
Teigschaber
Kuchengitter
Kuchenretter
Kuchenplatte

Kuchen

Liebesknochen

Zutaten
Brandteig:
1/4 l Wasser
70 g Butter
2 MS Vollmeersalz
150 g Weizen-
  vollkornmehl
3 Eier
1 TL Backpulver

Guss:
40 g Bitter-
  schokolade
4 EL Sahne

Füllung:
200 g Sahne
1 EL Honig (50 g)
2 MS Zimt

So stellst du den Brandteig her:
● Lass in einem kleinen Topf Wasser mit klein geschnittener Butter und Salz aufkochen und nimm ihn dann von der Kochstelle. Das frisch gemahlene Weizenvollkornmehl schüttest du auf einmal in den Topf und rührst mit dem Kochlöffel so lange, bis sich der Inhalt zu einem Kloß geformt hat (ca. 1 Minute). ● Stelle nun den Topf zurück auf den Herd und rühre den Kloß bei mittlerer Hitze ständig um. Nach einer Minute ist der Topfboden mit einer dünnen Teigschicht bedeckt. Nimm den Topf wieder von der Kochstelle und lasse den Teig ca. 10 Minuten auskühlen. ● Dann rührst du ein Ei nach dem anderen sehr gut unter den Teig, zuletzt das Backpulver. Fülle einen Teil des Teiges in einen Dressierbeutel mit großer Sterntülle und spritze ihn in 12 cm langen Doppelstreifen (= 2 Streifen eng aneinander) auf ein gefettetes Backblech. Fülle wieder Teig nach und spritze weiter, er reicht für 12 Doppelstreifen (»Knochen«). ● In der auf 200 Grad vorgeheizten Backröhre bäckst du sie auf der 2. Schiene von unten ca. 25 Minuten. ● In einem kleinen Pfännchen erwärmst du die Bitterschokolade, verrührst sie mit Sahne und bestreichst damit die Oberseite

der leicht abgekühlten Liebesknochen. Auf einem Gitter lässt du sie abkühlen und den Guss trocknen (gut 1 Stunde). Danach schneidest du sie mit einem scharfen, gezackten Messer quer durch und legst die bestrichenen Oberseiten zur Seite, die Unterseiten werden weiterbearbeitet.
● Schlage die Sahne steif, gib Honig und Zimt dazu, schlage nochmals durch und fülle sie in eine Sahnespritze. Spritze nun enge Schlangenlinien auf die bereitliegenden Unterseiten der Liebesknochen. Danach setzt du auf jedes Unterteil das passende Oberteil, hebst sie mit der Backschaufel auf eine Tortenplatte und stellst sie in den Kühlschrank. ● Du kannst dir immer einer großen Nachfrage sicher sein!

Geräte
kleiner Topf
Messbecher
Küchenmesser
Getreidemühle
Schüssel
Kochlöffel
Teelöffel
Dressierbeutel
Backblech
Backpinsel
kleine Pfanne
kleiner Schneebesen
Kuchengitter
gezacktes Messer
Sahnetopf
Sahneschläger
Esslöffel
Sahnespritze
Backschaufel

Kuchen

Mailänder Domkuchen

Zutaten
650 g Weizen-
 vollkornmehl
1/4 l Milch
60 g Hefe
 (1 1/2 Würfel)

125 g Butter
75 g Honig
2 Eier
1 TL Vollmeersalz
1/2 TL Vanille
Schale von
 2 Zitronen,
 unbehandelt
Saft von 1 Zitrone,
 unbehandelt
100 g Rosinen,
 ungeschwefelt
50 g Korinthen
40 g Zitronat
40 g Orangeat
Streumehl

1 Scheibe Butter
 (20 g)
1 TL Honig
2 EL geschälte
 Mandeln

Das frisch gemahlene Weizenvollkornmehl gibst du in eine Schüssel und drückst in die Mehlmitte eine Vertiefung. Erwärme die Milch ganz leicht (Fingerprobe), verrühre darin mit einem Kochlöffel die Hefe und gieße dies nun in die Mehlmitte. Vom Rand her rührst du etwas Mehl zur Milch, sodass ein dicker Brei entsteht. Streue vom Rand her dünn Mehl darüber und lasse den Teig 15 Minuten gehen. ● Inzwischen rührst du in einer Schüssel mit einem Schneebesen die Butter glatt, wiegst den Honig dazu und verrührst ihn und die Eier mit der Butter. Gib Vollmeersatz, Vanille, fein geriebene Zitronenschale, Zitronensaft, Rosinen, Korinthen, fein geschnittenes Zitronat und Orangeat dazu und verrühre alles gut mit der Butter. ● Dein Teig ist nun gegangen, und du kannst mit einem Teigschaber das Gerührte dazugeben. Verrühre alles gut mit dem Kochlöffel und knete dann den Teig gut 10 Minuten durch. Wenn er an der Hand klebt, tauchst du diese in eine Schüssel mit lauwarmem Wasser und knetest weiter. ● Danach bestreust du den Teig ringsherum mit Mehl und lässt ihn zugedeckt mit einem Tuch

45 Minuten gehen. Wenn der Teig doppelt so groß ist wie vorher, ist er gut gegangen. Knete ihn nochmals, mit etwas Mehl bestreut, durch, und breite ihn in eine gut gefettete, bemehlte Springform, Ø 22 cm. Lasse den Teig nochmals 45 Minuten zugedeckt gehen. Der Teig ist doppelt so hoch gestiegen und wird nun bei 190 Grad (Gas Stufe 3–4) auf der untersten Schiene 40–50 Minuten gebacken. Stich mit einem Holzstäbchen hinein und prüfe (wenn nichts mehr hängen bleibt), ob er fertig ist. Wenn er oben zu dunkel wird, dann decke nach 30 Minuten Alufolie darüber. ● Den fertigen Kuchen stellst du zum Abkühlen auf ein Gitter und öffnest den Springformrand. Butter und Honig lässt du in einem Pfännchen zerlaufen, bestreichst damit Domkuppel und Rand und bestreust sie mit fein geriebenen geschälten Mandeln. ● Der Domkuchen ist ein beliebtes italienisches Weihnachtsgebäck.

Geräte
Backschüssel
Getreidemühle
Milchtopf
Kochlöffel
Messbecher
Rührschüssel
Schneebesen
Teelöffel
Esslöffel
feines Reibeisen
Zitronenpresse
Küchenmesser
Schneidebrett
Teigschaber
Geschirrtuch
Springform (Ø 22 cm)
kleines Pfännchen
Backpinsel
Nussreibe
Kuchengitter

Kuchen

Schwarzbeerkuchen*
(Heidelbeerkuchen)

Zutaten
300 g Weizen-
    vollkornmehl
1 TL Backpulver
1 MS Vollmeersalz
1 TL Zimt
1 Ei
100 g Honig
100 g Butter

600 g Schwarzbeeren
    (Heidelbeeren)
Zimt

Mische das frisch gemahlene Weizenvollkornmehl in einer Backschüssel mit Backpulver, Vollmeersalz und Zimt. Gib nun das Ei dazu, den Honig (dazu stellst du die Teigschüssel auf die Waage, wiegst sie und lässt die benötigte Menge Honig zulaufen) und schneide die kalte Butter darüber. ● Nun verrührst du zuerst alles mit einem Kochlöffel, und dann knetest du mit der Hand alles rasch zusammen. Danach muss der Teig 1/2 Stunde ruhen. ● Wasche die Schwarzbeeren in einem Sieb und lasse sie gut abtropfen. ● Breite nun den Teig mit den Händen in die ungefettete Springform (Ø 26 cm) und drücke einen 2–3 cm hohen Rand hinauf. Verteile die Schwarzbeeren auf dem Teig und schiebe die Springform in den auf 200 Grad (bei Gas Stufe 4) vorgeheizten Ofen auf die 2. Schiene von unten. ● Nach 20–25 Minuten ist der Kuchen fertig. Mit Topflappen stellst du nun die heiße Form auf ein Kuchengitter

Geräte
*Getreidemühle
Backschüssel
Teelöffel
Küchenmesser
Kochlöffel
Sieb
Springform (Ø 26 cm)
Kuchengitter
Kuchenretter
Spitzendeckchen
  (Papier)
Kuchenplatte*

zum Auskühlen. Jetzt bestreust du den Kuchen hauchdünn mit Zimt. Wenn er abgekühlt ist, fährst du vorsichtig mit einem kleinen Messer zwischen Springformrand und Kuchen entlang, öffnest dann den Springformrand und nimmst ihn weg. Mit Hilfe eines Pappbodens oder Kuchenretters hebst du den Kuchen auf eine Kuchenplatte. Wenn du ein weißes Spitzendeckchen darunter schiebst, sieht der Kuchen besonders hübsch aus. ● Reiche ihn zum Tee mit steif geschlagener Sahne.

❀ *Verwende statt Ei 4–5 EL lauwarmes Wasser.*

Kuchen

Streuselkuchen*

Zutaten
Teig:
450 g Weizen-
    vollkornmehl
1/4 l Milch
20 g Hefe

50 g Butter
50 g Honig
1 MS Vollmeersalz
Streumehl

Streusel:
200 g Weizen-
    vollkornmehl
1 gehäufter TL Zimt
1 MS Vanille
100 g Honig
100 g Butter

Gib das frisch gemahlene Weizenvollkornmehl in eine Teigschüssel und mache in die Mitte eine Vertiefung. Erwärme die Milch leicht (Finger-probe), verrühre darin die Hefe und gieße sie in die Mehlmitte. Rühre mit einem Kochlöffel so viel Mehl unter die Milch, dass ein dicker Brei entsteht. Bestreue ihn mit Mehl und lasse ihn 15 Minuten gehen. ● Nun bereitest du die Streusel zu: Gib das frisch gemahlene Weizenvoll-kornmehl in eine Schüssel und verrühre darin Zimt und Vanille. Wiege den Honig dazu und die weiche Butter (du kannst sie auch in einem kleinen Pfännchen zerlaufen lassen). Verknete nun alles gut mit der Hand und stelle den sehr weichen Streuselteig kühl. ● Nun ist dein Vorteig gegangen, und du gibst nun die weiche Butter, den Honig und Vollmeersalz dazu und knetest alles 5 Minuten gut durch. Bestreue den Teig dünn mit Mehl und lasse ihn, mit einem Tuch bedeckt, eine halbe Stunde gehen. ● Fette eine Springform mit Butter. Den gegangenen Teig knetest du noch einmal kurz durch, machst davon eine Kugel und walkst diese auf einer leicht bemehlten Arbeitsfläche in Springformgröße aus. ● Lege den Teig in die Springform und drücke mit der Hand einen 2 cm hohen Rand. Nun krümelst du den Streuselteig darauf. ● Im vorgeheizten Ofen bäckst du den Kuchen 20 Minuten bei 200 Grad auf der mittleren Schiene. ● Nimm ihn vorsichtig aus dem Ofen, stelle ihn auf ein Kuchengitter und nimm den Springformrand weg. ● Der Streuselkuchen schmeckt frisch gebacken sehr gut, aber auch am nächsten Tag ist er noch ein Genuss.

❀ *Verwende statt Milch 1/8 l Wasser und 1/8 l Sahne.*

Geräte
*Getreidemühle
Teigschüssel
kleiner Milchtopf
Messbecher
Kochlöffel
Schüssel
kleines Pfännchen
Teelöffel
Küchenmesser
Esslöffel
Geschirrtuch
Springform (Ø 26 cm)
Nudelholz
Backpinsel
Kuchengitter*

Kuchen

Tiroler Geburtstagskranz

Zutaten
1000 g Weizen-
 vollkornmehl
3/8 l Milch
60 g Hefe

100 g Honig
100 g Butter
Saft und Schale von
 1 Zitrone,
 unbehandelt
1 TL Vollmeersalz
3 MS Vanille
1 Ei
1 Eiweiß
100 g Rosinen,
 ungeschwefelt
100 g Korinthen
Streumehl

1 Eidotter
1 TL Milch
40 g gehackte
 Mandeln

Gib das frisch gemahlene Weizenvollkornmehl in eine Teigschüssel und drücke in die Mitte des Mehls eine Vertiefung. Erwärme die Milch ganz leicht (Fingerprobe), bröckle die Hefe hinein, verrühre sie gut mit der Milch und gieße diese nun in die Mitte des Mehls. Nun rührst du mit dem Kochlöffel so viel Mehl vom Rand in die Milch, dass ein dicker Brei entsteht. Über den Brei streust du etwas Mehl und lässt ihn ca. 15 Minuten gehen. ● Wenn der mittlere Teig hochgekommen ist, gibst du den Honig dazu (Wiege die ganze Schüssel ab und lasse den Honig dazulaufen). ● Die Butter hast du in einem Pfännchen zerlaufen lassen und gibst sie auch dazu. Presse die Zitrone aus und reibe die Schale ganz fein zu dem Teig. Nun gibst du noch Vollmeersalz, Vanille, Ei und Eiweiß (den 2. Eidotter in einer Tasse zum Bestreichen auf die Seite stellen), Rosinen und Korinthen hinein.
● Mit einem Kochlöffel verrührst du erst einmal alles und knetest dann den Teig mit der Hand 5–10 Minuten lang. Wenn die Hand verklebt ist, tauche sie kurz ins Wasser und knete weiter.
● Jetzt mahlst du noch etwas Mehl, streust es über den Teig und lässt ihn zugedeckt 45 Minuten gehen. Danach knetest du den Teig auf einer bemehlten Arbeitsfläche nochmals durch und

teilst ihn in 2 Stücke. Aus jedem Stück machst du eine 70 cm lange Rolle. Auf einem Geschirrtuch verschlingst du nun die 2 Rollen miteinander, hebst sie mit dem Geschirrtuch auf das gefettete Blech und lässt sie heruntergleiten. Die verschlungene Rolle formst du zu einem Kranz, in die Mitte des Kranzes stellst du einen Keramikbecher, der beim Backen dort verbleibt, damit das Loch in der Mitte nicht zugeht. Die Teigenden klebst du mit etwas Wasser zusammen. ● Der Kranz muss nun 1/2 Stunde gehen, danach bestreichst du ihn mit Eidotter, den du mit Milch verrührt hast. Bestreue ihn dicht mit gehackten Mandeln und schiebe ihn in den vorgeheizten Ofen. Bei 190 Grad (Gas Stufe 4), mittlere Schiene, wird er 35–40 Minuten gebacken. ● Mit Topflappen stellst du das heiße Blech auf ein Kuchengitter. Wenn der Kranz etwas abgekühlt ist, nimmst du drehend den Becher aus der Mitte und lockerst vorsichtig mit einer Backschaufel den Kranz vom Blech. Dann lässt du ihn auf das Kuchengitter gleiten. Wenn er ausgekühlt ist, kannst du ihn anschneiden – oder auch erst am nächsten Tag. ● Bei Geburtstagen stellst du eine dicke Kerze in die Mitte des Kranzes.

Geräte
Getreidemühle
Teigschüssel
kleiner Kochtopf
Messbecher
Kochlöffel
Küchenmesser
feines Reibeisen
Zitronenpresse
kleine Pfanne
Tasse
Wasserschüssel
Geschirrtuch
Keramikbecher
Backpinsel
Backblech
Nusshacker
Kuchengitter
Backschaufel
Teelöffel

Kuchen

Zwetschgenkuchen*

Zutaten
250 g Weizen-
  vollkornmehl
1/8 l lauwarme Milch
20 g Hefe (1/2 Würfel)

20 g Butter
1 MS Vollmeersalz
1 EL Honig
Schale von 1/2
  Zitrone,
  unbehandelt
Streumehl

1 kg Zwetschgen,
  möglichst späte
  Sorte
Zimt

Gib das frisch gemahlene Weizenvollkornmehl in eine Teigschüssel und drücke in die Mitte des Mehls eine Vertiefung. ● Erwärme die Milch ganz leicht (Fingerprobe), bröckle die Hefe hinein und verrühre sie gut mit einem Kochlöffel. Gieße sie nun in die Mitte des Mehls und rühre mit dem Kochlöffel so viel Mehl vom Rand dazu, dass ein dicker Brei entsteht. Darüber streust du etwas Mehl und lässt ihn ca. 15 Minuten gehen. ● Wenn der mittlere Teig hochgestiegen ist, gibst du Butter, Salz und Honig dazu und reibst die Zitronenschale darüber. Nun verrührst du zuerst alles mit dem Kochlöffel, dann knetest du den Teig mit der Hand 5 Minuten lang fest durch, bestreust ihn mit Mehl und lässt ihn 1/2 Stunde, mit einem Geschirrtuch zugedeckt, stehen. ● In der Zwischenzeit entsteinst du mit einem Zwetschgenentsteiner (oder mit einem Küchenmesser) die Zwetschgen. Sie sind damit gleichzeitig so eingeschnitten, dass sie sich gut auf den Teig legen lassen. ● Wenn der Teig gegangen ist, breitest du ihn mit der Hand in eine gefettete Springform und drückst einen 2–3 cm hohen Rand. Nun belegst du den Teig mit den Zwetschgen. Du fängst außen am Rand an, stellst die Zwetschgen leicht schräg, eine an die andere.

● Dann schiebst du den Kuchen in den auf 200 Grad (bei Gas Stufe 4) vorgeheizten Ofen auf die 2. Schiene von unten und bäckst ihn 30–35 Minuten. Wenn du Frühzwetschgen verwendet hast, bildet sich viel Saft auf dem Kuchen. Du musst ihn dann ganz vorsichtig mit Topflappen herausnehmen. Stelle ihn auf ein Gitter zum Auskühlen und bestreue ihn hauchdünn mit Zimt. ● Wenn er abgekühlt ist, nimmst du ihn aus der Springform und servierst ihn mit Schlagsahne. Bei Frühzwetschgen süßt du die Sahne mit 1 TL Honig, da diese sehr sauer sind.

❀ *Verwende statt Milch 60 g Wasser und 60 g Sahne.*

Geräte
Getreidemühle
Teigschüssel
Milchtopf
Messbecher
Esslöffel
Kochlöffel
feines Reibeisen
Küchenmesser
Zwetschgenentsteiner
Springform (Ø 26 cm)
Geschirrtuch

Kuchen

Plätzchen

Plätzchen

Butterkekse*

Zutaten
250 g Weizen-
 vollkornmehl
1 TL Backpulver
2 MS Vanille
Schale von
 1/2 Zitrone,
 unbehandelt
1 Ei
100 g Honig
100 g Butter
Streumehl

Zu dem frisch gemahlenen Weizenvollkornmehl gibst du Backpulver, Vanille, reibst das Gelbe einer halben Zitrone hinein und vermischst alles im Mehl. Das Ei schlägst du auf, gibst es in eine Tasse und schlägst es darin mit einer Gabel gut durch. Die eine Hälfte des Eies gibst du ins Mehl, die andere Hälfte stellst du zum Bestreichen beiseite. Nun wiegst du den Honig dazu: Stelle die Backschüssel auf die Waage, wiege sie ab und lasse den Honig dazulaufen. Die Butter schneidest du in kleinen Stückchen darüber.
● Mit einem Kochlöffel verrührst du zuerst alles gut und dann knetest du mit der Hand alles zu einem glatten Teig. Diesen stellst du 1/2 Stunde in den Kühlschrank. ● Auf einer bemehlten Arbeitsfläche walkst du mit dem Nudelholz den Teig 4–5 mm dick aus. Walke nie den ganzen Teig aus, sondern immer nur 1/4 bis 1/2 der Menge.

Mit beliebigen Ausstechformen stichst du Plätzchen aus und legst sie eng auf ein gefettetes Backblech. Mit einem Pinsel streichst du das zurückgelassene Ei darauf. ● Im vorgeheizten Ofen bäckst du die Plätzchen bei 175 Grad (Gas Stufe 3), mittlere Schiene, 12–15 Minuten. ● Auf einem Kuchengitter lässt du sie auskühlen.

❁ *Lasse das Ei weg, gib dafür 3 EL Wasser in den Teig; Plätzchen mit Wasser bestreichen.*

Geräte
*Getreidemühle
Backschüssel
Teelöffel
Küchenmesser
feines Reibeisen
Tasse
Gabel
Kochlöffel
Pinsel
Nudelholz
Backblech
Backschaufel
Verschiedene
  Ausstechformen
Kuchengitter*

Plätzchen

Gewürzschnitten

Zutaten
400 g Weizen-
 vollkornmehl
1 TL Backpulver
2 TL Zimt
4 TL Kakao
1 MS Kardamom
1 MS Nelken
1 MS Anis
1 MS Fenchel
2 MS Vollmeersalz
2 MS Vanille
100 g Zitronat
100 g Orangeat

125 g Butter
200 g Honig
2 Eier

4 EL Milch
80–100 abgeschälte
 Mandeln
Streumehl

Stelle einen gerührten Mürbeteig her. Das geht so: ● Mische unter das frisch gemahlene Weizenvollkornmehl das Backpulver, sämtliche angegebenen Gewürze und das fein geschnittene Zitronat und Orangeat. ● Rühre nun in einer zweiten Schüssel mit einem Schneebesen die Butter glatt, wiege den Honig dazu und verrühre ihn und die Eier mit der Butter. ● Mit einem Kochlöffel rührst du das »gewürzte« Weizenvollkornmehl dazu und lässt den entstandenen Teigkloß 1/2 Stunde ruhen. ● Fette und bemehle ein Backblech (siehe S. 21) und walke mit dem Nudelholz den bemehlten Teig aufs Blech.
● Bestreiche den Teig mit Milch und verziere ihn reihenweise mit abgeschälten Mandeln (wie du diese abschälst, steht auf Seite 246 bei Marzipankartoffeln). ● Das Blech mit dem aufgewalzten

Teig ergibt 80–100 Schnitten, auf jeder Schnitte ist in der Mitte eine Mandel. Lege diese also so, dass du später mit dem Messer gut in einer Reihe schneiden kannst. ● Backe das Blech bei 175 Grad (Gas Stufe 3) 20–25 Minuten auf der untersten Schiene. ● Wenn es etwas abgekühlt ist, schneidest du das Backwerk reihenweise mit dem Messer in Stücke. Nimm die Schnitten mit einer Backschaufel vom Blech und lasse sie auf einem Gitter auskühlen.

Geräte
Schüssel
Getreidemühle
Teelöffel
Küchenmesser
Schneidebrett
Rührschüssel
Schneebesen
Kochlöffel
Backblech
Pinsel
Nudelholz
Esslöffel
Tasse
Messer
Backschaufel
Kuchengitter

Plätzchen

Hänsel und Gretel

Zutaten
Siehe Seite 208

Geräte
Siehe Seite 208
Ausstechformen
  Männchen und
  Weibchen 15 cm
  hoch

Du machst denselben Teig wie zu dem Rezept »Lustige Kindergesichter« (siehe S. 208). ● Auf einer leicht bemehlten Arbeitsfläche walkst du die Hälfte des Teiges aus, ca. 1/2 cm dick, und stichst mit den Ausstechformen die Figuren aus. Wenn du keine Ausstechformen hast, kannst du dir eine Pappschablone schneiden, diese auf den ausgewalkten Teig legen und mit einem kleinen Küchenmesser entlang den Kanten schneiden. Die Teigränder knetest du wieder zusammen, nimmst neuen Teig dazu und walkst weiter aus. ● Die Teigmenge ergibt 8 Figuren, ein Backblech voll. Das Backblech fettest du dünn mit Butter ein und legst die Figuren darauf. Bestreiche sie mit

Milch und verziere sie. ● Als Augen kannst du Korinthen verwenden. ● Als Mund kannst du einen Sonnenblumenkern nehmen. ● Als Hände und Füße kannst du je eine halbierte abgezogene Mandel eindrücken. ● Als Hosenträger beim Hänsel nimmst du Sonnenblumenkerne ● Als Schürzchen bei der Gretel kannst du ebenfalls Sonnenblumenkerne nehmen. ● Die fertig verzierten Figuren schiebst du in den auf 175 Grad (Gas Stufe 3) vorgeheizten Ofen, mittlere Schiene, und bäckst 12–15 Minuten. ● Das heiße Blech vorsichtig mit einem Topflappen aus der Backröhre nehmen. Mit einer Backschaufel legst du die Figuren auf ein Kuchengitter zum Auskühlen.

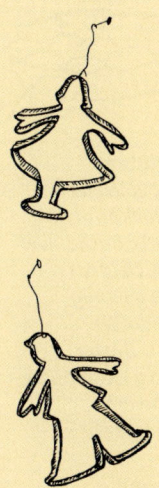

Plätzchen

Haselnusstaler

Zutaten
250 g Weizen-
vollkornmehl
1/2 TL Backpulver
1 TL Delifrut
150 g Honig
1 Eidotter
50 g Butter
150 g Haselnüsse
1 Eiweiß
Streumehl

Geräte
Getreidemühle
Teigschüssel
Teelöffel
Esslöffel
2 Tassen
Küchenmesser
Schneidebrett
Nudelholz
Pinsel
Backblech
Backschaufel
kleines Glas
Kuchengitter

Zu dem frisch gemahlenen Weizenvollkornmehl gibst du das Backpulver und Delifrut, vermischst es und wiegst den Honig dazu. Gib auch das Eidotter und die Butter hinein und verrühre zuerst alles gut mit dem Kochlöffel. Dann knetest du mit der Hand alles gut zusammen und lässt den Teig 1/2 Stunde ruhen. ● Inzwischen halbierst du die Haselnüsse auf einem Schneidebrett mit dem Küchenmesser: Halte sie zwischen Daumen und Zeigefinger fest und schneide sie in der Mitte durch. ● Auf einer leicht bemehlten Arbeitsfläche walkst du einen Teil des Teiges aus, ca. 1/2 cm dick, und stichst mit einem kleinen Glas runde Taler aus. Die Teigreste knetest du wieder zusammen, nimmst neuen Teig dazu und walkst wieder aus. ● Auf ein gefettetes Blech legst du die Taler ziemlich eng aneinander. ● Mit einem Pinsel bestreichst du die Taler mit Eiweiß und belegst sie dicht mit Haselnüssen, die Schnittseite nach unten. ● Das fertige Backblech schiebst du in den auf 175 Grad (Gas Stufe 3) vorgeheizten Ofen, mittlere Schiene, und bäckst es 12–15 Minuten. ● Nimm das heiße Backblech vorsichtig aus dem Ofen und lege die Plätzchen mit einer Backschaufel auf ein Gitter zum Auskühlen.

Kinder-Busserl

Rühre in einer Schüssel die Butter glatt, wiege den Honig dazu (zuerst die Schüssel wiegen und dann den Honig dazugeben), gib das Ei hinein und rühre ein paar Minuten alles gut. ● Zu dem frisch gemahlenen Weizenvollkornmehl gibst du Backpulver, Vollmeersalz und Vanille. Die Haselnüsse reibst du auf einer Nussmühle fein und die Schokolade zerschneidest du auf einem Schneidebrett in kleine Würfelchen. ● Das Weizenvollkornmehl, die Haselnüsse und die Schokolade rührst du mit einem Kochlöffel in die Butter-Eier-Honig-Creme. Mit einem Teelöffel machst du kleine Teighäufchen auf ein gefettetes Backblech. Die Menge ergibt ca. 30 Stück, die du auf ein Blech bringst. ● Im vorgeheizten Ofen bäckst du sie auf der mittleren Schiene ca. 12 Minuten bei 175 Grad. ● Auf einem Kuchengitter lässt du sie auskühlen. Für diese Leckerchen findest du bestimmt reißenden Absatz in deiner Familie.

Zutaten
50 g Butter
50 g Honig
1 Ei
100 g Weizen-
   vollkornmehl
1 MS Backpulver
1 MS Vollmeersalz
1 MS Vanille
50 g Haselnüsse
50 g Bitterschokolade

Geräte
Rührschüssel
Schneebesen
Esslöffel
Getreidemühle
Küchenmesser
Schneidebrett
Nussmühle
Kochlöffel
Teelöffel
Backblech
Kuchengitter

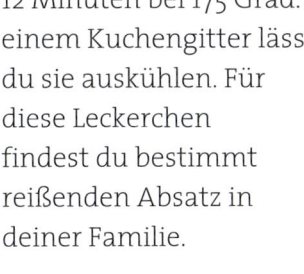

Plätzchen

Kokosberge

Zutaten
3 Eiweiß
150 g Honig
Saft und Schale von
1 kleinen Zitrone
 (3 EL), unbehandelt
250 g Kokosraspeln
20 Oblaten (Ø 70 mm)

Geräte
Rührschüssel
Rührgerät
Esslöffel
Reibeisen
Zitronenpresse
Kochlöffel
Küchenmesser
Messer
Backblech
Backschaufel
Kuchengitter

Gib in eine Rührschüssel das Eiweiß und schlage es mit dem Rührgerät (elektrisch oder Handbetrieb) so steif, dass es nicht mehr aus der Schüssel läuft, wenn du sie umstürzt. Nun wiegst du den Honig dazu und reibst die gewaschene Zitronenschale hinein. Rühre alles mit dem Rührgerät nochmals durch. Presse nun die Zitrone aus und gieße den Saft dazu. Mit einem Kochlöffel hebst du die Kokosraspeln unter die Schaummasse. ● Je 1 EL dieses Teiges gibst du auf eine Oblate, die du in der linken Hand hältst. Mit einem Messer streichst du den Teig auf der Oblate so glatt, dass er in der Mitte ein bisschen höher ist als am Rand. Die so mit Teig bestrichenen Oblaten legst du auf ein Backblech. Den restlichen Teig verteilst du in kleinen Häufchen locker auf den bestrichenen Oblaten. Lass diese nun 2 Stunden in der Küche zum Trocknen des Teiges stehen. ● Du schiebst das Backblech auf die oberste Schiene der Backröhre und bäckst die Kokosberge bei 170 Grad ca. 20 – 25 Minuten, bis sie ganz leicht gebräunt sind.

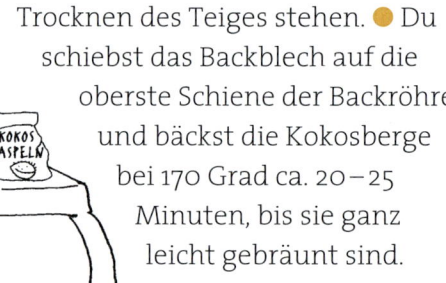

Kokosknöpfe✻

In einer Backschüssel rührst du Butter und Honig cremig, gibst Haselnussmus, Kokosraspeln und Delifrut dazu und rührst weiter. Das frisch gemahlene Weizen- und Dinkelvollkornmehl mischst du mit dem Backpulver und gibst es zum Teig. Nun gibst du Wasser dazu, verrührst zuerst alles mit einem Esslöffel und dann knetest du mit deiner Hand alles zu einem geschmeidigen Teig. Zugedeckt soll der Teig ca. 30 Minuten ruhen.
● Danach rollst du auf einer Arbeitsfläche aus dem Teig eine dicke Stange. Diese teilst du in 5 gleich große Stücke, dann jedes Stück in 10 gleich große Teile, sodass du 50 Teigteile hast. ● Aus jedem Teil drehst du mit den Händen eine Kugel. Diese legst du nebeneinander auf ein leicht gefettetes Backblech. Wenn du alle Kugeln geformt hast, tauchst du eine Gabel in Wasser und drückst damit jede Kugel gut 1 cm flach. Bei jeder Kugel tauchst du die Gabel erneut ins Wasser. ● Im vorgeheizten Ofen bei 175 Grad, mittlere Schiene, bäckst du die Knöpfe 15 Minuten leicht hellbraun. Das Backblech nimmst du mit Topflappen heraus und stellst es auf ein Kuchengitter zum Auskühlen.

Zutaten
100 g Butter
100 g Honig
1 EL Haselnussmus
100 g Kokosraspeln
2 MS Delifrut
100 g Weizenvollkornmehl
100 g Dinkelvollkornmehl
1 TL Backpulver
2 EL Wasser

Geräte
Backschüssel
Elektroquirl
Esslöffel
Messer
Teelöffel
Backblech
Gabel
Tasse

Plätzchen

Lebkuchenherzen*

Zutaten
500 g Weizen-
   vollkornmehl
2 TL Backpulver
2 EL Kakao
1 TL Zimt
2 MS Nelken

1 Ei
250 g Honig
1/8 l Wasser
Streumehl

Zum Bestreichen:
50 g Bitterschokolade
6 EL Sahne

In einer Backschüssel mischst du das frisch gemahlene Weizenvollkornmehl mit Backpulver, Kakao, Zimt und Nelken. ● In eine kleine Schüssel gibst du das Ei, wiegst den Honig zu, gießt das Wasser hinzu und verrührst alles mit einem kleinen Schneebesen. Dieses Gemisch rührst du mit einem Kochlöffel in das Mehl und knetest anschließend alles zu einem glatten Teig. Diesen lässt du 1 Stunde ruhen. ● Auf einer leicht bemehlten Arbeitsfläche walkst du einen Teil des Teiges aus, ca. 1/2 cm dick, und stichst mit einer Form Herzen aus. Die Ausstechform tauchst du jedes Mal vorher in das Streumehl, damit der Teig nicht kleben bleibt. Mit einem Apfelausstecher kannst du nun in das Herz ein Loch stechen (dort

kannst du dann nach dem Backen ein rotes Schleifchen als Verzierung anbringen oder es an einem längeren Band als Geschenkanhänger oder Schmuck eines besonderen Adventskalenders verwenden).
● Die ausgestochenen Herzen legst du auf ein leicht gefettetes Backblech. Die Teigreste knetest du zusammen, nimmst neuen Teig dazu, walkst und stichst weiter aus. Die Teigmenge ergibt 2 Bleche Herzen. ● Im vorgeheizten Ofen bäckst du die Lebkuchen bei 175 Grad auf der mittleren Schiene 15 Minuten. ● In einer kleinen Pfanne erwärmst du die Schokolade und verrührst sie mit einem kleinen Schneebesen mit der Sahne. Mit einem Backpinsel bestreichst du damit die leicht abgekühlten Herzen und legst sie zum Trocknen auf die Kuchengitter.

❀ *Verwende statt dem Ei 50 g Butter.*

Geräte
*Getreidemühle
Backschüssel
Teelöffel
Esslöffel
Küchenmesser
kleine Schüssel
Messbecher
kleiner Schneebesen
Kochlöffel
Nudelholz
Herzausstechform
Apfelausstecher
2 Backbleche
kleine Pfanne
Backpinsel
2 Kuchengitter*

Plätzchen

Lustige Kindergesichter

Zutaten
250 g Weizen-
   vollkornmehl
1/2 TL Backpulver
1 TL Zimt
1 MS Nelken
150 g Honig
1 Ei
2 EL Milch

Zum Bestreichen:
2 EL Milch

Zum Verzieren:
Korinthen
Haselnüsse
Sonnenblumenkerne
Walnusskerne
Pinienkerne

Zu dem frisch gemahlenen Vollkornmehl gibst du Backpulver, Zimt und Nelken und vermischst es darin. Um den Honig abzuwiegen, stellst du die Schüssel auf die Waage, wiegst sie und lässt die angegebene Honigmenge dazulaufen. Gib nun auch das Ei und die Milch dazu, und verrühre zuerst alles gut mit dem Kochlöffel, dann knetest du mit der Hand alles rasch zusammen. Der Teig muss jetzt 1/2 Stunde ruhen. ● Auf einer leicht bemehlten Arbeitsfläche walkst du nun den Teig ca. 1/2 cm dick aus (nimm immer nur wenig Teig, etwa 1/4 der Gesamtmenge) und stichst mit einer Tasse oder einem Glas Plätzchen aus. Das Backblech fettest du dünn mit Butter ein und legst die Plätzchen darauf. Sie passen alle auf ein Blech. ● Bestreiche die Plätzchen mit Milch und fange an, mit folgenden Zutaten lustige Gesichter zu legen. ● Du kannst verwenden: ● Als Augen: Korinthen oder halbe Haselnüsse. Als Haare: Sonnenblumenkerne oder Walnüsse. Als Mund: Pinien- oder

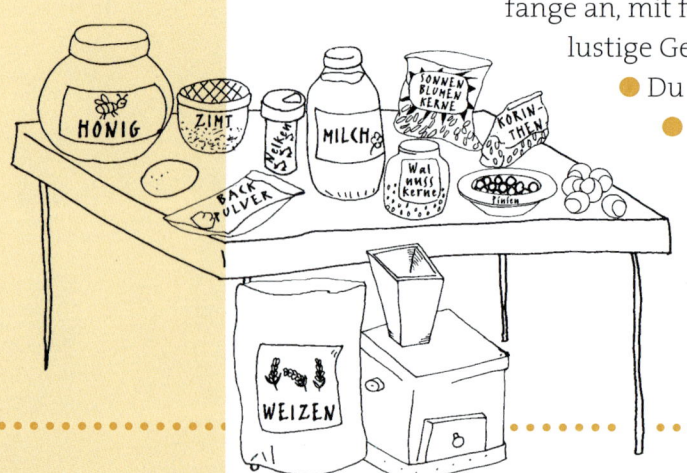

Sonnenblumenkerne. Als Nasen: Pinienkerne oder halbe Haselnüsse. ● Das belegte Blech schiebst du in den auf 175 Grad (Gas Stufe 3–4) vorgeheizten Ofen, mittlere Schiene, und lässt die Gesichter ca. 10 Minuten backen. ● Das heiße Blech vorsichtig mit Topflappen aus dem Ofen nehmen und auf Untersetzer stellen. Mit einer Backschaufel nimmst du die fertigen Gesichter herunter und lässt sie auf einem Kuchengitter auskühlen.

Geräte
Getreidemühle
Teelöffel
Backschüssel
Kochlöffel
Küchenmesser
Nudelholz
Backpinsel
Tasse oder Glas
Kuchengitter
Backschaufel
1 Backblech
Untersetzer
Esslöffel

Plätzchen

Nürnberger Lebkuchen

Zutaten
300 g Weizen-
   vollkornmehl
2 TL Backpulver
2 TL Zimt
2 MS Nelken
1 EL Kakao
125 g Haselnüsse
60 g Mandeln
60 g Zitronat

125 g Butter
2 Eier
250 g Honig
25 Oblaten (Ø 7 cm)

Zum Verzieren:
1 kleines Ei
25 große Haselnüsse

In einer Schüssel verrührst du das frisch gemahlene Weizenvollkornmehl mit Backpulver, Zimt, Nelken und Kakao. Hacke auf einem Schneidebrett Haselnüsse und Mandeln grob, schneide das Zitronat in kleine Würfelchen und gib beides in das Mehl. ● In einer Backschüssel rührst du mit einem Schneebesen die weiche Butter glatt und gibst unter ständigem Rühren ein Ei nach dem anderen dazu. Nun wiegst du den Honig dazu und rührst ihn unter Butter und Eier.
● Nach und nach gibst du das Mehlgemisch dazu und rührst es mit einem Kochlöffel zu einem glatten Lebkuchenteig. ● Lege auf ein Backblech 25 Oblaten und verteile darauf den Teig, etwa 1 EL auf jede Oblate. Nun nimm

Geräte
*Getreidemühle
Schüssel
Teelöffel
Esslöffel
Nusshacker
Schneidebrett
Küchenmesser
Backschüssel
Schneebesen
Kochlöffel
Backblech
Messer
hoher Becher
Tasse
Gabel
Backpinsel
Kuchengitter*

nacheinander die Oblaten in die linke Hand und verstreiche mit einem Messer den Teig leicht gewölbt darauf. ● Wenn du das Messer ab und zu in Wasser tauchst, geht der Streichvorgang besser. Lasse nun die Lebkuchen 2 Stunden trocknen. ● Schlage das Ei in einer Tasse mit der Gabel glatt und bestreiche damit die Lebkuchen. Dann drückst du je eine Haselnuss in die Lebkuchenmitte. ● Bei 165 Grad, auf der mittleren Schiene, bäckst du die Lebkuchen ca. 20 Minuten. ● Auf einem Kuchengitter lässt du sie auskühlen.

Plätzchen

Orangenplätzchen

Zutaten
100 g Butter
80 g Honig
1 Ei
Schale von 1 Orange, unbehandelt
3 EL Orangensaft
250 g Weizenvollkornmehl
1/2 TL Backpulver

Streumehl
3 EL Milch

Geräte
Rührschüssel
Schneebesen
feines Reibeisen
Zitronenpresse
Esslöffel
Kochlöffel
Getreidemühle
kleines Glas
Backblech
Pinsel
Tasse
Nudelholz
Backschaufel
Kuchengitter
Teelöffel

Stelle einen gerührten Mürbeteig her. Das geht so: ● Rühre in einer Schüssel mit dem Schneebesen die Butter glatt, wiege den Honig dazu und verrühre alles mit dem Ei. ● Mit einem feinen Reibeisen reibst du die Schale der gewaschenen Orange (siehe S. 21) in die Schüssel und rührst den ausgepressten Orangensaft dazu. Das frisch gemahlene Weizenvollkornmehl mische mit Backpulver und rühre es mit dem Kochlöffel dazu. Der weiche Teig muss jetzt 1 Stunde, mit Mehl bestreut, ruhen. ● Auf einer bemehlten Arbeitsfläche walkst du den Teig, immer nur 1/4 der Menge nehmen, 1/2 cm dick aus. Stich mit einem kleinen runden Glas Plätzchen aus und lege sie nebeneinander auf ein gefettetes, bemehltes Blech (siehe S. 23). Je nach Glasgröße gibt es 40–50 Plätzchen, die alle auf ein Blech passen. Bestreiche sie mit Milch und backe sie bei 175 Grad (Gas Stufe 3) ca. 15 Minuten auf der mittleren Schiene. ● Hebe sie mit einer Backschaufel vom Blech auf ein Gitter und lasse sie auskühlen.

Teegebäck*

Du stellst einen Rührteig her. Das geht so: ● In einer Rührschüssel rührst du mit dem Schneebesen zuerst die weiche Butter cremig (stelle sie rechtzeitig aus dem Kühlschrank, oder stelle sie mit der Schüssel kurz in warmes Wasser). ● Dazu rührst du Ei und Honig und reibst auf einer feinen Reibe das Gelbe der Zitronenschale hinein. Die Zitrone presst du aus und gibst 3 EL Saft dazu. ● Das frisch gemahlene Weizenvollkornmehl vermischst du mit Backpulver und rührst es in die Schüssel. ● Auf ein gefettetes Blech setzt du mit 2 Teelöffeln kleine Häufchen, ca. 35 Stück. Im vorgeheizten Ofen bäckst du die Plätzchen bei 175 Grad, 25 Minuten, auf der mittleren Schiene. ● Die fertigen Plätzchen nimmst du mit einer Backschaufel vom Blech und lässt sie auf einem Kuchengitter auskühlen.

❀ *Verwende statt dem Ei 3–4 EL Wasser*

Zutaten
75 g Butter
1 Ei
125 g Honig
Schale von 1 Zitrone, unbehandelt
3 EL Zitronensaft
250 g Weizen-
  vollkornmehl
1 TL Backpulver

Geräte
Rührschüssel
Schneebesen
feines Reibeisen
Küchenmesser
Zitronenpresse
Esslöffel
Getreidemühle
Backblech
Backpinsel
2 Teelöffel
Backschaufel
Kuchengitter

Plätzchen

Vollkornspritzgebäck

Zutaten
175 g Butter
1 Ei
125 g Honig
1 MS Vanille
75 g fein geriebene Mandeln
250 g Weizenvollkornmehl
2 EL Milch

Wiege die Butter genau ab, schneide sie klein und rühre sie in einer Teigschüssel sahnig. Ist die Butter recht hart, stelle die Schüssel mit der Butter für einige Minuten in warmes Wasser. 🟠 In die cremige Butter rührst du nun das Ei und den Honig. Um den Honig abzuwiegen, stellst du die Schüssel auf die Waage, wiegst sie und lässt dann 125 g Honig langsam hineinlaufen. In diese cremige Masse rührst du die Vanille, die fein geriebenen Mandeln, das frisch gemahlene Weizenvollkornmehl und die Milch. 🟠 Nun schraubst du auf die Garnierspritze eine große Sterntülle und füllst sie zu 3/4 voll mit Teig. Auf

Geräte
*Küchenmesser
Backschüssel
Schneebesen
Nussmühle
Getreidemühle
Garnierspritze
oder Spritzbeutel
2 Backbleche
Backpinsel
Kuchengitter
Backschaufel
Esslöffel*

ein gefettetes Blech spritzt du damit lauter Druckbuchstaben. Zwischen den Buchstaben lässt du etwas Platz, damit sie beim Backen nicht zusammenkleben. ● Die angegebene Menge reicht für 2 Bleche mit Buchstaben. Im vorgeheizten Ofen, bei 175 Grad (Gas Stufe 3), mittlere Schiene, werden sie ca. 15 Minuten lang gebacken. ● Nimm das heiße Blech vorsichtig mit Topflappen aus dem Herd und stelle es auf ein Gitter zum Abkühlen. Danach kannst du die Buchstaben mit einer Backschaufel auf einen Teller legen.

Plätzchen

Vollkornwaffeln

Zutaten
50 g Butter
2 Eier
100 g Honig
300 g Weizen-
 vollkornmehl
2 TL Zimt
1 MS Nelken
Schale von 1 Zitrone,
 unbehandelt
1 TL Backpulver
1/2 l Milch

Wiege die Butter ab und rühre sie mit dem Schneebesen cremig, gib die Eier dazu, rühre weiter cremig. ● Nun wiegst du die Schüssel und lässt 100 g Honig dazulaufen, diesen rührst du auch gut unter die Butter. ● Zu dem frisch gemahlenen Weizenvollkornmehl gibst du den Zimt, die Nelken, reibst auf einem feinen Reibeisen leicht das Gelbe der Zitrone darüber, gibst das Backpulver dazu und vermengst nun alles. ● Dieses Mehlgemisch rührst du nun langsam zu der Creme in deiner Teigschüssel und gießt, ebenfalls langsam, die Milch dazu. Nun hast du einen mittelfesten Teig, und das Backen kann beginnen. ● Öffne das angeheizte Waffeleisen und pinsele die Backflächen mit Butter ein. Dann gib einen Schöpfer Teig in die Mitte des Waffeleisens und schließe es vorsichtig. Den Regler stellst du auf eine niedrige Stufe ein, damit die Waffeln nicht zu dunkel werden. Nach ca. 2–3 Minuten zeigt das Gerät an, dass die Waffel fertig ist. Sie löst sich leicht ab, und du kannst sie mit einer Backschaufel wegnehmen und auf ein Kuchengitter zum Auskühlen legen. ● Nun fettest du

wieder leicht die Backflächen ein und bäckst die nächste Waffel. ● Die angegebene Menge ergibt 12 Waffeln. Dazu schmeckt eine Wassermelone besonders gut. Schneide sie in Schnitze auf, lege sie auf eine Platte und reiche sie dazu.

Geräte
*Rührschüssel
Getreidemühle
Schüssel
Schneebesen
Teelöffel
Küchenmesser
feines Reibeisen
Messbecher
Waffeleisen
Backpinsel
Suppenschöpfer
Backschaufel
Kuchengitter*

Plätzchen

Süßes Kleingebäck

Süßes Kleingebäck

Mandelbrezeln

Zutaten
450 g Weizen-
vollkornmehl
1/4 l Milch
30 g Hefe

50 g Butter
50 g Honig
2 MS Vollmeersalz
100 g Rosinen,
ungeschwefelt
Streumehl

1 kleines Ei
20 g abgezogene,
gehackte Mandeln
Streumehl

Wiege den Weizen ab und mahle ihn mit der Getreidemühle mehlfein in eine Backschüssel. Die Milch erwärmst du ganz leicht (Fingerprobe), bröckelst die Hefe hinein und verrührst gut. In die Mitte des Mehls drückst du eine Vertiefung und gießt die Milch hinein. ● Nun rührst du mit einem Kochlöffel etwas Mehl vom Rand dazu, sodass ein dicklicher Brei entsteht. Über den Brei streust du etwas Mehl und lässt dies nun 15 Minuten gehen. ● Wenn der mittlere Teig hochgekommen ist, rührst du mit dem Kochlöffel die weiche Butter (eventuell in einer kleinen

Pfanne zerschleichen lassen), den Honig (die Schüssel wiegen und den Honig dazuwiegen), das Vollmeersalz und die Rosinen dazu.

● Dann knetest du den Teig mit der Hand 5 Minuten lang. Wenn der Teig an der Hand klebt, tauche sie kurz in Wasser und knete weiter.

● Jetzt mahlst du noch etwas Mehl, streust es über den Teig und lässt ihn, mit einem Tuch zugedeckt, 45 Minuten gehen. Danach knetest du den Teig nochmals kurz durch und schneidest ihn in 10 gleich große Teile. Aus jedem Teil machst du eine 45 cm lange Rolle und verschlingst sie zu einer Brezel. Die Brezeln legst du auf ein gefettetes Backblech. ● Mit einer Gabel schlägst du in einer Tasse ein kleines Ei gut durch, bestreichst damit die Brezeln und bestreust sie mit den fein gehackten Mandeln. Im vorgeheizten Backofen bäckst du sie bei 225 Grad (Gas Stufe 5), mittlere Schiene, ca. 15 Minuten. Dann nimmst du das heiße Blech vorsichtig mit Topflappen heraus, stellst es auf Untersetzer und nimmst mit einer Backschaufel die Brezeln ab. Auf einem Kuchengitter abkühlen lassen.

Geräte
Getreidemühle
Backschüssel
kleiner Kochtopf
Messbecher
Kochlöffel
kleine Pfanne
Küchenmesser
Esslöffel
Geschirrtuch
Gabel
Tasse
Backpinsel
Backblech
Backschaufel
Kuchengitter
Untersetzer

Süßes Kleingebäck

Mohnschnecken

Zutaten
275 g Weizen-
 vollkornmehl
1/8 l Milch
20 g Hefe

30 g Butter
1 Eidotter
1 MS Vollmeersalz
Saft und Schale von
 1/2 Zitrone,
 unbehandelt
1 EL Honig

Mohnfüllung:
125 g Mohn
knapp 1/8 l Milch
1 Eiweiß
70 g Honig
1 TL Zimt
1 MS Vanille
40 g Rosinen,
 ungeschwefelt

Das frisch gemahlene Weizenvollkornmehl gibst du in eine Backschüssel. Erwärme die Milch ganz leicht und verrühre die Hefe darin. Gieße die Milch in die Mitte des Mehls und verrühre einen Teil des Mehls darin, dass ein dickflüssiger Teig entsteht. Bedecke diesen Teig mit etwas Mehl vom Rand und lasse ihn 15 Minuten gehen.
● Wenn der Teig hochsteigt, gibst du die weiche Butter, Eidotter, Vollmeersalz, Saft und leicht abgeriebene Schale von einer halben Zitrone und den Honig dazu. Verrühre dies zuerst mit dem Kochlöffel und dann knete es gut 5 Minuten mit der Hand durch. Klebt der Teig an den Fingern, tauche die Hand kurz ins Wasser und knete weiter. ● Nun formst du eine Kugel, bestäubst sie mit etwas Mehl und gibst sie in einem Gefrierbeutel 2 Stunden

in den Kühlschrank. ● Jetzt machst du die Füllung: Den Mohn mahlst du mit einer Mohnmühle oder mit der Getreidemühle (mit einem Stahl- oder Keramikmahlwerk, Einstellung mittelfein). Erwärme die Milch, gieße sie über den Mohn und lasse ihn 10 Minuten quellen. Schlage das Eiweiß steif, rühre Honig, Zimt, Vanille, den gequollenen Mohn und die Rosinen in den Eischnee. Die Füllung soll streichfest sein.
● Auf einer gut bemehlten Arbeitsfläche walkst du den kalten Teig zu einem länglichen Rechteck aus, ca. 1/2 cm dick, dann bestreichst du ihn mit einem Messer gleichmäßig mit der Mohnfüllung. Nun rollst du den Teig von der schmalen Seite her auf und schneidest mit einem Messer von dieser Rolle 10–12 Scheiben, die du auf ein gefettetes, bemehltes Blech legst. ● Schiebe das Blech in die kalte Backröhre, mittlere Schiene, und lasse die Mohnschnecken bei 100 Grad 30 Minuten gehen. Anschließend bäckst du sie 15 Minuten bei 220 Grad. ● Das heiße Blech vorsichtig mit Topflappen herausnehmen und auf Untersetzer stellen. Nimm mit einer Backschaufel die Schnecken vom Blech und lege sie zum Auskühlen auf ein Kuchengitter.

Geräte
Getreidemühle
Backschüssel
kleiner Kochtopf
Messbecher
Kochlöffel
Küchenmesser
feines Reibeisen
Zitronenpresse
Wasserschüssel
Esslöffel
Gefrierbeutel
Mohn- bzw.
  Getreidemühle
schmaler Mixbecher
Elektroquirl
Schüssel
Nudelholz
großes Messer
Backblech
Backpinsel
Untersetzer
Backschaufel
Kuchengitter
Teelöffel

Süßes Kleingebäck

Nussstangen

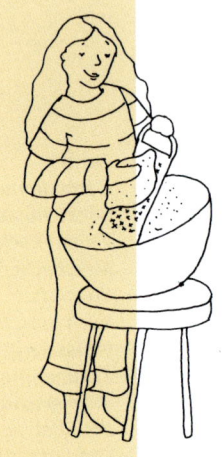

Zutaten
275 g Weizen-
   vollkornmehl
1/8 l Milch
20 g Hefe

30 g Butter
1 Eidotter
1 MS Vollmeersalz
Saft und Schale von
   1/2 Zitrone,
   unbehandelt
1 EL Honig
Streumehl

Nussfüllung:
1 Eiweiß
100 g Honig
100 g Haselnüsse
1 EL Kakao, dunkel
2–3 EL Milch

Das frisch gemahlene Weizenvollkornmehl gibst du in eine Backschüssel. Erwärme die Milch ganz leicht (Fingerprobe) und verrühre die Hefe darin. Gieße die Milch in die Mitte des Mehls und verrühre einen Teil des Mehls darin, dass ein dickflüssiger Teig entsteht. Bedecke diesen Teig mit etwas Mehl vom Rand und lasse ihn 15 Minuten gehen. ● Wenn der Teig hochsteigt, gibst du die weiche Butter, Eidotter, Vollmeersalz, Saft und leicht abgeriebene Schale von einer halben Zitrone und den Honig dazu. Verrühre dies zuerst mit dem Kochlöffel und dann knete es gut 5 Minuten mit der Hand durch. Klebt der Teig an den Fingern, tauche die Hand kurz ins Wasser und knete weiter. ● Nun formst du eine Kugel, bestäubst sie mit etwas Mehl und lässt sie in der Schüssel, mit einem Tuch zugedeckt, etwa 1/2 Std. gehen. ● Jetzt machst du die Füllung: Schlage das Eiweiß in einem hohen Becher mit dem Elektroquirl ganz steif und rühre den Honig darunter. Reibe die Nüsse mit der Nussmühle fein und rühre sie in den Eischnee, ebenso den Kakao. Gib etwas Milch dazu, aber nur so viel, dass sich die Nussmasse streichen lässt. ● Auf einer gut bemehlten Arbeitsfläche walkst du nun mit dem Nudelholz den Teig rechteckig aus, ca. 1/2 cm dick. Schneide ihn nun mit einem Messer quer auseinander, sodass 2 gleich große Hälften entstehen. Die eine Teighälfte bestreichst du mit einem Messer gleichmäßig mit der Füllung und deckst die andere Teighälfte darüber. Nun schneidest du mit einem Messer den Teig senkrecht in 10–12 Stangen, 2–3 cm breit. Drehe jede Stange 2- bis 3-mal spiralförmig um sich selbst und lege sie auf ein gefettetes, leicht bemehltes Blech. Lasse sie nochmals 10 Minuten gehen und backe sie dann bei 225 Grad (Gas Stufe 5) 15 Minuten auf der mittleren Schiene.

● Nimm das heiße Blech vorsichtig heraus und stelle es auf Untersetzer. Mit einer Backschaufel nimmst du die Stangen vom Blech und lässt sie auf einem Kuchengitter auskühlen.

Geräte
Getreidemühle
Backschüssel
kleiner Kochtopf
Messbecher
Kochlöffel
Küchenmesser
feines Reibeisen
Zitronenpresse
Wasserschüssel
Esslöffel
hoher Mixbecher
Elektroquirl
Nussmühle
Schüssel
Nudelholz
großes Messer
Backblech
Backpinsel
Untersetzer
Backschaufel
Kuchengitter

Süßes Kleingebäck

Osterkränzchen

Zutaten
500 g Weizen-
   vollkornmehl
1/4 l Milch
40 g Hefe

50 g Butter
2 EL Honig
1 MS Salz
50 g Rosinen,
   ungeschwefelt
1 großes Ei

3 EL gehackte
   Mandeln (40 g)
Streumehl

Das frisch gemahlene Weizenvollkornmehl gibst du in eine Backschüssel und machst in der Mitte eine Vertiefung. Die Milch erwärmst du ganz leicht (Fingerprobe), bröckelst die Hefe hinein und verrührst sie gut. Dies gießt du in die Mehlmitte und rührst mit einem Kochlöffel vom Rand her Mehl dazu, bis ein dicker Brei entsteht. Darüber streust du vom Rand Mehl und lässt den Teig 15 Minuten gehen. ● In dem Milchtopf lässt du die Butter zerlaufen und gibst sie zum Teig, ebenso Honig, Salz und Rosinen. Das Ei schlägst du auf, gibst es in eine Tasse und schlägst es mit einer Gabel gut durch. Die eine Hälfte des Eies gibst du zum Teig, die andere Hälfte stellst du zum Bestreichen beiseite. ● Mit einem Kochlöffel verrührst du nun alles, dann knetest du

mit der Hand den Teig 5 Minuten gut durch. Wenn der Teig klebt, tauchst du die Hand kurz in Wasser, dann geht es besser. Nach dem Kneten streust du etwas Mehl über den Teig und lässt ihn, zugedeckt mit einem Tuch, 30 Minuten gehen. ● Nun nimmst du den Teig aus der Schüssel, knetest ihn auf einer bemehlten Arbeitsfläche nochmals kurz durch und teilst ihn mit einem Messer in 8 Stücke. ● Aus jedem Teil drehst oder flichst du einen Zopf: Schneide noch mal jedes Stück in 2 oder 3 Teile und rolle aus jedem Teil eine 35 cm lange Rolle. Verdrehe nun die 2 Rollen miteinander, oder flechte mit 3 Rollen einen Zopf, den du dann mit Wasser zu einem Kränzchen zusammenklebst. ● Lege die 8 Kränzchen auf ein gefettetes Blech, bestreiche sie mit dem zurückgestellten Ei und streue darauf gehackte Mandeln. ● Im vorgeheizten Backofen bäckst du sie bei 200 Grad (Gas Stufe 4) auf der mittleren Schiene 20–25 Minuten. Nimm vorsichtig das heiße Blech aus dem Ofen und lege mit einer Backschaufel die Kränzchen auf ein Gitter zum Auskühlen. ● An Ostern legst du jedem ein Kränzchen auf den Teller und legst ein gefärbtes Ei (siehe S. 295) in die Kranzmitte.

Geräte
Getreidemühle
Backschüssel
Messbecher
kleiner Kochtopf
Kochlöffel
Esslöffel
Küchenmesser
Tasse
Gabel
Wasserschüssel
Geschirrtuch
Backblech
Pinsel
Backschaufel
Kuchengitter

Süßes Kleingebäck

Rosinenbrötchen*

Zutaten
400 g Weizen-
   vollkornmehl
1/4 l Milch
20 g Hefe (1/2 Würfel)

1 gestrichener TL
   Vollmeersalz
1 EL Honig
1 Scheibe Butter (20 g)
100 g Rosinen,
   ungeschwefelt
Streumehl

Das frisch gemahlene Weizenvollkornmehl gibst du in eine Schüssel und machst in der Mehlmitte eine Vertiefung. ● Erwärme die Milch ganz leicht (Fingerprobe), bröckle die Hefe hinein, verrühre sie und gieße sie in die Mehlmitte. Vom Rand her rührst du nun etwas Mehl unter die Milch, sodass ein dicker Brei entsteht. Streue vom Rand her dünn Mehl darüber und lasse den Teig 15 Minuten gehen. ● Wenn der Teig hochgestiegen ist, gibst du Vollmeersalz, Honig, Butter und Rosinen dazu. Zuerst verrührst du alles mit dem Kochlöffel und dann knetest du den Teig 5 Minuten gut durch. Wenn er klebt, dann tauchst du deine Hand kurz ins Wasser und knetest

Geräte
Messbecher
Getreidemühle
Teigschüssel
Milchtopf
Kochlöffel
Esslöffel
Teelöffel
Wassertopf
Küchenmesser
Backblech
Geschirrtuch
Kuchengitter

weiter. ● Danach bestreust du den Teig rundherum mit Mehl und lässt ihn in der Schüssel, mit einem Tuch bedeckt, eine 3/4 Stunde gehen. ● Auf einer bemehlten Arbeitsfläche knetest du den Teig nochmals kurz durch, machst eine Rolle davon und schneidest sie mit einem Messer in 10–12 gleich große Teile. Aus jedem Teil rollst du nun eine Kugel und setzt diese auf ein leicht gefettetes Backblech. ● Diese Brötchen lässt du nun 10 Minuten gehen. Dann schneidest du sie an der Oberfläche mit einem Küchenmesser kreuzweise ein, ca. 1/2 cm tief. Bei 220 Grad (Gas Stufe 5), mittlere Schiene, bäckst du sie ca. 20 Minuten. ● Auf einem Kuchengitter lässt du sie auskühlen.

Verwende statt Milch 1/8 l Wasser und 1/8 l Sahne.

Süßes Kleingebäck

Schneiders Fleck

Zutaten
500 g Weizenvollkornmehl
1/8 l Sahne und 1/8 l Wasser
40 g Hefe

100 g Butter
1 EL Honig (50 g)
1 TL Zimt
1 MS Nelken
2 MS Vollmeersalz

Zum Wälzen und Bestreichen:
100 g Butter
1 EL Honig (50 g)

Das frisch gemahlene Weizenvollkornmehl gibst du in eine Schüssel und drückst in die Mehlmitte eine Vertiefung. Erwärme Wasser und Sahne ganz leicht (Fingerprobe), löse die Hefe darin auf und gieße sie in die Mehlmitte. Mit dem Kochlöffel rührst du vom Rand so viel Mehl hinein, bis ein dicker Brei entsteht. Bestäube diesen mit Mehl und lasse ihn 15 Minuten gehen. ● In einer kleinen Pfanne lässt du bei schwacher Hitze die Butter zerlaufen und gibst sie mit Honig, Zimt, Nelken und Salz zum gegangenen Teig. Knete nun den Teig 5 Minuten gut durch, forme daraus eine Kugel und wälze diese in dem vorher benützten Butterpfännchen (statt in Streumehl). Mit einem Tuch bedeckt, lässt du ihn 45 Minuten gehen. ● Fette ein Backblech, heize

die Backröhre auf 100 Grad und zerlasse in dem Pfännchen bei schwacher Hitze Butter und Honig. Walke den gegangenen Teig mit dem Nudelholz auf der Arbeitsfläche (ohne Streumehl, er ist ja bereits fett) 1/2 cm dick aus. Mit einem Teigrädchen fährst du einige Male längs und quer über den Teig, sodass lauter Teigflecke in beliebiger Größe entstehen. Diese wendest du nacheinander in der lauwarmen Butter-Honig-Sauce und legst sie kreuz und quer auf das Blech. Wenn sich die Stücke an manchen Stellen überlappen, macht das gar nichts. ● Schiebe das Backblech auf die mittlere Schiene des auf 100 Grad vorgeheizten Ofens, drehe nach 7 Minuten die Temperatur auf 220 Grad und backe noch 15 Minuten weiter. ● Nach dem Backen bestreichst du die Flecken auf dem Blech mit der restlichen Butter-Honig-Sauce und legst sie nach einiger Zeit auf ein Gitter zum Auskühlen.
● Deine Freunde werden kräftig zulangen, so gut sind die Flecken, auch noch am nächsten Tag.

Geräte
Getreidemühle
Schüssel
Messbecher
Kochlöffel
kleine Pfanne
Esslöffel
Teelöffel
Küchenmesser
Geschirrtuch
Backblech
Backpinsel
Nudelholz
Teigrädchen
Kuchengitter

Süßes Kleingebäck

Wanjas Pausenkugeln ❋

Zutaten
125 g Sprießkornhafer
75 g Haselnüsse
75 g Rosinen, ungeschwefelt
200 g Sahne
125 g Kokosraspeln
3 MS Vanille
100 g Honig

2 EL Kokosraspeln zum Wälzen

Geräte
Getreidemühle
Schüssel
Nusshacker
Schneidebrett
Sieb
mittelgroßer Topf
Kochlöffel
Küchenmesser
Esslöffel
großer Teller
kleine Schüssel
Backblech
Backpinsel
Backschaufel
Kuchengitter

Mahle den Hafer in der Getreidemühle (Einstellung mittelfein bis grob) zu frischen Flocken. Die Haselnüsse hackst du mit dem Nusshacker auf einem Schneidebrett, die Rosinen wäschst du in einem Sieb. ● Erhitze nun die Sahne in einem mittelgroßen Topf (bis kurz vor dem Kochen), nimm ihn von der Kochstelle und rühre die Haferflocken hinein. Dann gibst du die Kokosraspeln, Haselnüsse, Rosinen und Vanille dazu, wiegst den Honig hinein und verrührst alles mit einem Kochlöffel. Mit der Hand knetest du den Teig nochmals durch und legst ihn, in 10 gleich große Portionen geteilt, auf einen großen Teller. Mit angefeuchteten Händen drehst du aus jeder Portion eine Kugel. In einer kleinen Schüssel wälzt du diese in Kokosraspeln und setzt sie auf ein gefettetes Backblech. ● Bei 175 Grad, oberste Schiene, bäckst du die Kugeln 30 Minuten. Mit einer Backschaufel nimmst du sie vom Blech und lässt sie auf einem Kuchengitter auskühlen. ● Sie schmecken auch noch nach Tagen gut, wenn … sie bis dahin noch nicht verspeist wurden.

Schleckereien, Pikantes, Getränke und Sonstiges für allerlei Gelegenheiten

Schleckereien

Eisbombe
(für 10–12 Personen)

Zutaten
*Vanille-Eis
   (siehe S. 239)
Erdbeereis
   (siehe S. 236)
Schokoladeneis
   (siehe S. 238)*

Geräte
*runde Porzellan-
   schüssel
Teller oder Alufolie
Porzellanteller
großes Messer
hoher Becher*

Stelle eine Porzellanschüssel in den Tiefkühlschrank oder in das Drei-Sterne-Gefrierfach, damit sie kalt wird. ● Mache das Vanille-Eis wie beschrieben und gieße die Eiscreme in die gekühlte Porzellanschüssel. ● Bedecke nun die Schüssel mit einem Teller oder mit Alufolie und stelle sie ins Gefrierfach. Nach 1–1 1/2 Stunden, wenn das Eis anfängt fest zu werden, machst du das Erdbeereis wie beschrieben und gießt es auf das Vanille-Eis. Wieder stellst du es zugedeckt ins Gefrierfach. Nach 1–1 1/2 Stunden machst du das Schokoladeneis, gießt es auf das Erdbeereis und stellst es zugedeckt in das Gefrierfach. ● Am

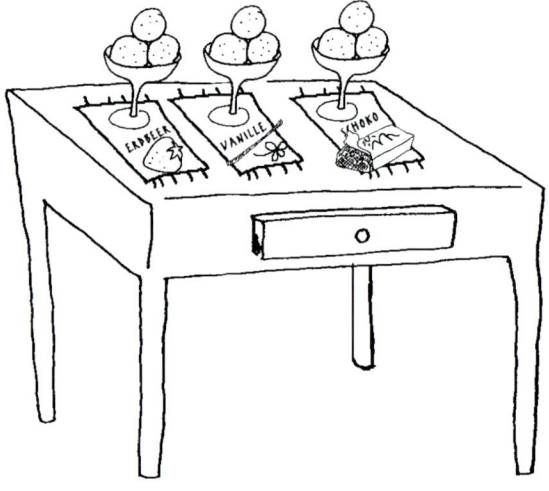

nächsten Tag, kurz vor dem Servieren, stürzt du das Eis auf einen großen Teller (vorher stellst du es kurz, ca. 1/2 Minute, in warmes Wasser, dass es sich von der Schüssel löst). Mit einem großen Messer, das du immer wieder in heißes Wasser tauchst, zerschneidest du das Eis wie einen Kuchen. Lege die Scheiben auf Glasteller oder in Schüsselchen. ● Du kannst noch Sahne darauf spritzen und in jede Portion einen Vollkornkeks hineinstecken.

Schleckereien

Erdbeer-/Himbeer-/Brombeereis ✤

Zutaten
500 g Erdbeeren oder Himbeeren oder Brombeeren oder alle 3 Sorten gemischt
200 g Sahne
150 g Akazienhonig
2 MS Delifrut

Geräte
Mixer
Elektroquirl
Esslöffel
Rührbecher
Schüssel
Stiel-Teigschaber
gekühlte Plastik-
 gefäße

Wasche die Beeren und drehe die Blütenblätter heraus. Dann mixe die Beeren fein. ● In einem Rührbecher schlägst du die Sahne steif, gibst Honig und Delifrut dazu und schlägst sie nochmals durch. ● In einer Schüssel mischst du die Sahne und die gemixten Beeren mit dem Stiel-Teigschaber. Dann füllst du die Beerencreme in kleine gekühlte Plastikgefäße mit Deckel (z. B. gibt es extra Gefäße für Eis am Stiel). Stelle diese dann in den Tiefkühlschrank. Am nächsten Tag kannst du das Eis essen.
● Statt Erdbeeren kannst du Brombeeren, Himbeeren oder alle Beerensorten gemischt (500 g im Ganzen) verwenden.

Melone mit Vanilleeis*

Wasche die Melone, halbiere sie mit dem Messer und hebe mit einem Esslöffel die Kerne heraus. ● Mit einem Melonenmesser oder Teelöffel stichst du nun aus der Melone lauter kleine Bällchen heraus und legst diese in eine Schüssel. Aus dem Vanilleeis, das du schon gestern gemacht hast, stichst du ebenso kleine Bällchen heraus, ca. 20 Stück. Das restliche Eis gleich wieder in die Tiefkühltruhe stellen. ● Die Melone mit den Eisbällchen mischen, in die ausgehöhlte Melone oder in Glasschälchen füllen und gleich servieren. ● Bei einem Fest kannst du noch 1 EL geschlagene Sahne drauftun.

❀ *Fülle die Melone mit Erdbeer-, Himbeer- oder Brombeereis, gewürfelt.*

Zutaten
1 reife Netzmelone
(1 Stunde im Kühl-
schrank gekühlt)
Vanilleeis (siehe S. 239)

Zum Verzieren:
geschlagene Sahne

Geräte
Küchenmesser
Esslöffel
Melonenmesser oder
  Teelöffel
Schüssel
Sahneschläger
hoher Becher

Schleckereien

Schokoladeneis

Zutaten
50 g Bitterschokolade
3 EL Sahne

50 g Honig
1 Eidotter

1 Becher Sahne (200 g)
1 Eiweiß

Geräte
kleine Pfanne
Esslöffel
kleine Schüssel
Schneebesen
Stiel-Teigschaber
Rührbecher
Elektroquirl
Tiefkühldose

Lasse bei kleiner Hitze die Schokolade in einer kleinen Pfanne zerfließen, gib die Sahne dazu und verrühre sie mit der Schokolade. Stelle dies nun zur Seite, dass es abkühlt. ● In eine kleine Schüssel wiegst du den Honig hinein und verrührst ihn gut mit dem Eidotter. Dazu gibst du die abgekühlte Schokolade und verrührst sie ebenso gut. ● In einem hohen Rührbecher schlägst du die Sahne sehr steif. Das Eiweiß schlägst du auch zu Eischnee. Nun hebst du mit einem Schneebesen die Schokoladencreme und den Eischnee unter die Sahne. Gieße die Creme in eine Tiefkühldose, verschließe sie mit dem Deckel und stelle sie gleich in den Tiefkühlschrank oder in das Drei-Sterne-Gefrierfach. ● Am nächsten Tag ist das Eis fertig, und du kannst es mit dem Eisportionierer oder einem großen Löffel verteilen. Nach der Eisentnahme musst du die Dose mit dem restlichen Eis gleich wieder schließen und in den Tiefkühlschrank stellen.

Vanilleeis

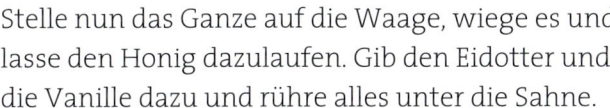

Richte zuerst alles her, was du brauchst, dass die Eiszubereitung schnell vor sich geht.
● Schlage die Sahne in einem Rührbecher sehr steif. Stelle nun das Ganze auf die Waage, wiege es und lasse den Honig dazulaufen. Gib den Eidotter und die Vanille dazu und rühre alles unter die Sahne.
● Den Eischnee schlägst du in einer kleinen Schüssel ganz steif und hebst ihn mit einem Schneebesen auch darunter. Jetzt füllst du die fertige Creme in eine Tiefkühldose, verschließt sie und stellst sie in den Tiefkühlschrank oder in ein Drei-Sterne-Gefrierfach. Am nächsten Tag ist das Eis fertig, und du kannst es mit dem Eisportionierer oder mit einem großen Löffel verteilen. ● Nach der Eisentnahme musst du die Dose gleich wieder schließen und in den Tiefkühlschrank stellen.

Zutaten
1 Becher Sahne (200 g)
75 g heller Honig
1 großes oder 2 kleine Eier
1 MS Naturvanille, gemahlen

Geräte
Rührbecher
Elektroquirl
kleine Schüssel
Schneebesen
Küchenmesser
Tiefkühldose
Eisportionierer oder Esslöffel
Stiel-Teigschaber

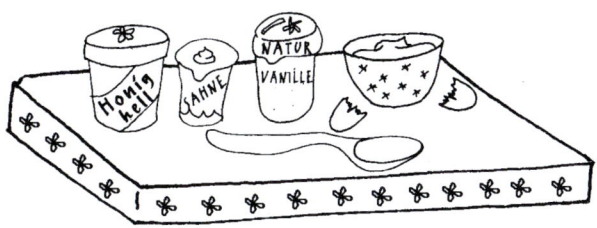

Schleckereien

Aprikosenkugeln

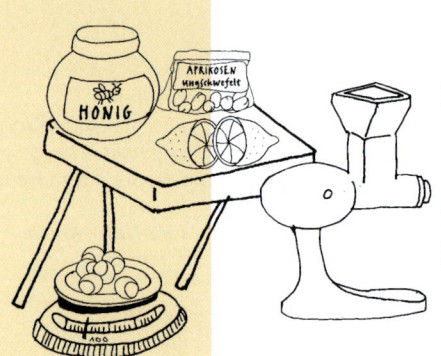

Reibe die Haselnüsse mit der Nussreibe fein, gib davon 1 EL in eine Tasse und stelle es einstweilen beiseite. Die übrigen gemahlenen Haselnüsse beträufelst du mit 1–2 EL frisch ausgepresstem Zitronensaft und lässt sie mit den Aprikosen durch den Gemüsewolf. Die durchgelassene Masse lässt du dann ein zweites Mal durch den Gemüsewolf. ● Zu dieser Masse gibst du den Honig und drückst ihn mit einer Gabel gut darunter. Aus dem entstandenen Teig machst du Kugeln, etwa 15 Stück. Nacheinander wälzt du sie dann in einer Tasse mit den geriebenen Haselnüssen. ● So schnell und einfach kannst du dir selbst gesunde Schleckereien zubereiten.

Zutaten
100 g Haselnüsse
1/2 Zitrone, unbehandelt
100 g getrocknete Aprikosen, ungeschwefelt
1 EL Honig

Geräte
Nussreibe
Schüssel
Tasse
Gemüsewolf
Zitronenpresse
Küchenmesser
Esslöffel
Gabel

Früchtewürfel*

Mahle den Hafer mit der Getreidemühle (Einstellung wie bei Frischkornbrei).
● Presse die Orange aus, gib davon 5–6 EL zu den Haferflocken und vermische sie. ● Lasse nun das Trockenobst mit den getränkten Haferflocken zweimal durch den Gemüsewolf. Knete unter den entstandenen Teig noch 1 EL Honig und streiche mit einem Messer den Teig 1 cm dick auf eine Porzellanplatte. Mit einem Küchenmesser zerschneidest du kreuzweise die aufgestrichene Masse so, dass Würfel, ca. 2 x 2 cm, entstehen. Die Würfel wendest du in Kokosraspeln, und schon hast du eine feine und gesunde Schleckerei.

Zutaten
150 g grobe Vollkornhaferflocken
1 Orange
250 g Trockenobst gemischt, z. B. Feigen, Pflaumen, Rosinen, Aprikosen
1 EL Honig
1 EL Kokosraspeln

Geräte
Getreidemühle
Zitronenpresse
Küchenmesser
Esslöffel
Gemüsewolf
Schüssel
Porzellanplatte
Teller

Schleckereien

Mandelkonfekt

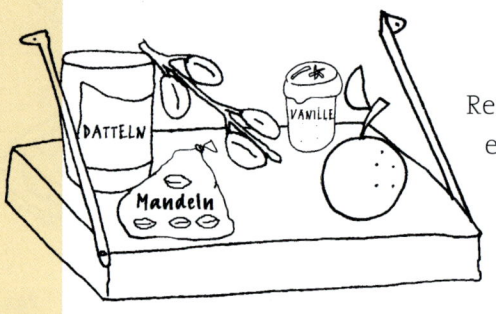

Zutaten
100 g Mandeln
1 MS Vanille
1 Orange
100 g entkernte
   Datteln

Geräte
Nussmühle
Esslöffel
Tasse
Schneidebrett
Zitronenpresse
Küchenmesser
Gemüsewolf
Schüssel
bunte Papier-
   Konfektschälchen

Reibe die Mandeln mit einer Nussmühle fein, gib davon 1 EL in eine Tasse und stelle sie beiseite. ● Zu den restlichen Mandeln gibst du die Vanille und 4 EL ausgepressten Orangensaft. ● Entkerne nun die Datteln, wiege sie und lasse sie zusammen mit den Nüssen zweimal durch den Gemüsewolf. Aus dem entstandenen Teig formst du eine Rolle und schneidest sie in ca. 15 Teile. Aus jedem Teil rollst du eine Kugel und gibst diese einzeln in die Tasse mit den geriebenen Mandeln. ● Wenn du die Tasse langsam schwenkst, wird die Kugel ringsum mit Mandeln bedeckt. ● In kleinen bunten Papier-Konfektschälchen kannst du sie deinen Freunden anbieten.

Mandel-Krokant-Häufchen ❀

Butter, Honig und Sahne lässt du in einem kleinen Topf zerlaufen, kochst es kurz 1 Minute auf und nimmst ihn von der Kochstelle. ● Wie du Mandeln abziehst, ist bei dem Rezept Marzipankartoffeln (siehe S. 246) beschrieben. Auf einem Schneidebrett zerkleinerst du mit einem Nusshacker die Mandeln grob. Dann mischst du Kakao, Vanille und feine Haferflocken (Getreidemühleneinstellung zwischen Mehl und Frischkornbrei) dazu. Dies rührst du nun unter das leicht abgekühlte Butter-Honig-Gemisch. ● Mit einem Teelöffel machst du aus der Masse kleine Häufchen auf eine Porzellan- oder Edelstahlplatte und stellst sie in den Kühlschrank. ● Nach einer Stunde kannst du sie mit einem Messer von der Platte abnehmen und in bunte Papier-Konfektschälchen legen oder … auch gleich essen. ● Die angegebene Menge ergibt ca. 20 Stück.

Zutaten
50 g Butter
50 g Honig (= ca. 1 EL)
2 EL Sahne

100 g abgezogene Mandeln
1 EL dunkler Kakao
1 MS Vanille
2 EL feine Haferflocken

Geräte
kleiner Kochtopf
Esslöffel
Messer
Kochlöffel
Nusshacker
Schneidebrett
Getreidemühle
kleine Schüssel
Teelöffel
Porzellan- oder Edelstahlplatte

Schleckereien

Marzipanfiguren

Zutaten
Marzipanmasse
  (siehe S. 246)
1–2 TL Kakao
15 Pinienkerne

Geräte
Schüssel
Esslöffel
Teelöffel
Tasse
3 Zahnstocher

Mit Marzipanfiguren kannst du den Esstisch bei Festen und Einladungen hübsch dekorieren. ● Die Marzipanmasse stellst du nach dem Rezept auf Seite 246 her und legst das fertige Marzipan 1 Stunde in den Kühlschrank.

Osterhase

Drehe je 1 EL und 1 TL Marzipanmasse zu je einer Kugel. Gib in eine Tasse 1 TL Kakao und schwenke die Kugeln darin, dass sie ringsum gleichmäßig braun sind. ● In die große Kugel stichst du einen halbierten Zahnstocher in die Mitte und setzt darauf die kleine Kugel. Zwei Pinienkerne drückst du als Ohren und einen Kern als Schwänzchen hinein. ● Aus der Marzipanmasse kannst du ca. 5 Häschen formen. Im Kühlschrank lässt du sie wieder fest werden.

Schneemann

Dazu brauchst du 5 Marzipankugeln verschiedener Größe: Drehe aus jeweils 1 EL, 1 gehäuftem TL, 1 TL und 2 x 1/2 TL Marzipanmasse je 1 Kugel. ● In die größte Kugel stichst du einen halbierten Zahnstocher in die Mitte. Darauf setzt du die nächstkleinere Kugel und dann die drittkleinste. Die beiden kleinen Kugeln drückst du als Arme an die mittlere Kugel. Nun formst du aus der Marzipanmasse noch einen kleinen Hut. In ein Teesieb gibst du etwas Kakao, bestäubst damit den Hut und drückst ihn auf den Kopf. ● Die Teigmenge ergibt 3–4 Schneemänner. ● Im Kühlschrank lässt du sie wieder fest werden.

Zutaten
Marzipanmasse (siehe S. 246)
1 TL Kakao

Geräte
Schüssel
Esslöffel
Teelöffel
Teesieb
2 Zahnstocher

Igelfamilie

Drehe zunächst aus der Marzipanmasse aus je 1 EL oder 1 TL Masse Kugeln von verschiedener Größe. Die Kugeln schwenkst du in einer Tasse mit etwas Kakao, dass sie ringsum gleichmäßig braun sind. Lege sie nun auf einen Teller und drücke mit Daumen und Zeigefinger gleichzeitig Augenhöhlen und Nase des Igels in jede Kugel. ● Aus abgezogenen Mandeln schneidest du Stifte und steckst sie als Stacheln in den Körper. ● Die Menge ergibt ca. 4 große und 10 kleine Igel. Im Kühlschrank lässt du sie wieder fest werden.

Zutaten
Marzipanmassse (siehe S. 246)
1 TL Kakao
5 EL gestiftelte Mandeln

Geräte
Esslöffel
Teelöffel
Tasse
Schneidebrett
Küchenmesser

Schleckereien

Marzipankartoffeln
(ca. 20 Stück)

Zutaten
1/2 l Wasser
100 g Mandeln
5 bittere Mandeln
1–2 EL Rosenwasser
(bekommst du in
der Drogerie oder
Apotheke)
40 g Honig (1 EL)
1 TL dunkler Kakao

Bringe in einem kleinen Topf ca. 1/2 Liter Wasser zum Kochen. Schütte die Mandeln und die Bittermandeln hinein und lasse sie 5 Minuten stehen. Mit einem Esslöffel nimmst du vorsichtig eine Mandel heraus und probierst, ob sich die Haut abschieben lässt. Wenn das leicht geht, gießt du die Mandeln in ein Sieb und fängst gleich an, sie abzuschälen. Sie dürfen nicht auskühlen, sonst wird die Haut wieder fest.
● Die abgeschälten Mandeln trocknest du etwas mit Küchenpapier oder einem Tuch. Dann reibst du sie mit der Nussmühle fein und gibst das Rosenwasser dazu. ● Die getränkten Mandeln lässt du nun zweimal durch den Gemüsewolf.

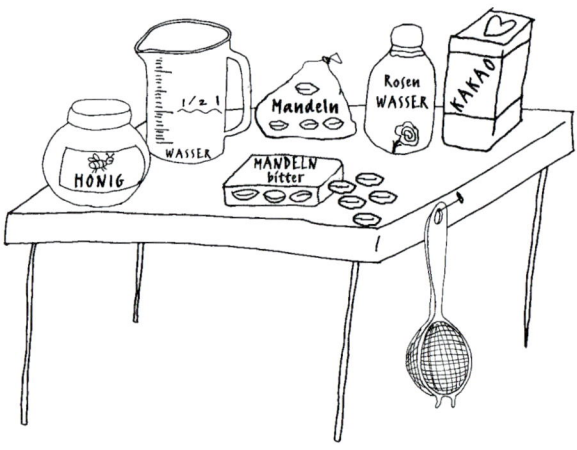

- Nun gibst du den Honig dazu und vermischst ihn mit den Mandeln. Der Teig darf nicht zu weich sein. ● Aus diesem Marzipanteig formst du eine Rolle, schneidest diese in ca. 20 Stücke und rollst aus jedem Stück eine Kugel. In eine Tasse gibst du nun Kakao und eine Marzipankugel. Du schiebst nun die Tasse hin und her, sodass die Kugel auf allen Seiten braun ist. Diese legst du nun vorsichtig auf einen Teller und schwenkst die anderen ebenso in der Tasse.
- Die fertigen Marzipankartoffeln stellst du noch 1–2 Stunden kühl, damit sie gut durchziehen.
- Du wirst sehen, man kann sie keinen Augenblick unbewacht stehen lassen.

Geräte
Messbecher
kleiner Topf
Sieb
Geschirrtuch
Nussmühle
Gemüsewolf
Esslöffel
kleine Schüssel
Tasse
Teelöffel

Schleckereien

Schneebällchen

Zutaten
50 g Butter
80 g Honig
3 TL Kakao
200 g Hafer
4 EL Sahne

3 EL Kokosraspeln

Geräte
Rührschüssel
Schneebesen
Esslöffel
Teelöffel
Getreidemühle
Kochlöffel
Platte
Tasse

In einer Schüssel rührst du die weiche Butter mit Honig und Kakao glatt. Den Hafer mahlst du mit der Getreidemühle – Einstellung wie beim Frischkornbrei –, damit feine Haferflocken entstehen. Diese rührst du nun mit der Sahne in die Schüssel. Nun knetest du mit der Hand den entstandenen Teig kurz durch. Mit einem Teelöffel stichst du ca. 25 Teile ab und legst sie auf eine Platte. Aus jedem Teil drehst du zwischen den Handflächen eine Kugel. ● Gib die Kokosraspeln in eine große Tasse, lege eine Kugel hinein und schwenke sie, bis sie ringsum weiß ist. Das wiederholst du mit allen Kugeln. ● Die fertigen Kugeln legst du auf eine Platte und lässt sie im Kühlschrank einen Tag durchziehen. Ob du das wohl erwarten kannst? Dann servierst du sie gekühlt.

Bratäpfel

(für 2 Personen)

Aus den gewaschenen Äpfeln stichst du mit dem Apfelausstecher Stiel, Blüte und das Kernhaus heraus, am besten von beiden Seiten. ● Die Haselnüsse reibst du mit der Nussreibe und vermischst sie mit Honig und Rosinen. Diese Füllung stopfst du nun in die ausgestochenen Äpfel. ● In einer gefetteten Springform oder Auflaufform bäckst du die Äpfel bei 200 Grad, unterste Schiene, 25–30 Minuten. ● Leicht abgekühlt, kannst du sie servieren.

Zutaten
*4 große Äpfel
  (Sorte Boskoop)
40 g Haselnüsse
1 EL Honig
1 EL Rosinen*

Geräte
*Apfelausstecher
Schneidebrett
Nussreibe
Esslöffel
kleine Schüssel
Springform oder
  Auflaufform*

Schleckereien

Brotaufstrich Leckermäulchen ❋

Zutaten
75 g Erdnussmus, ungesalzen
75 g Butter
75 g Honig
1 EL Kakao

Geräte
Schüssel
Esslöffel
Schneebesen
Stiel-Teigschaber
Glas

Rühre in einer Schüssel das weiche Erdnussmus, die weiche Butter, den flüssigen Honig und Kakao glatt. Schon ist ein herrlicher Aufstrich für Brot, Brötchen, Knäckebrot oder Waffeln fertig. Mit einem Stiel-Teigschaber füllst du ihn in ein Glas und stellst dieses verschlossen in den Kühlschrank.

Erdbeergrütze
(für 2 Personen)

In einem kleinen Topf verrührst du Apfelsaft mit Delifrut und stellst es zum Kochen auf den Herd. Wenn der Saft kocht, lässt du die Perltapioka einlaufen, stellst die Hitze klein und lässt es 15–20 Minuten leicht weiterkochen. Dabei musst du öfters umrühren, damit sich nichts am Topfboden anlegt. ● Wasche in der Zwischenzeit die Erdbeeren, entferne den Blütenansatz und mixe sie mit Honig. ● Den fertigen Tapiokabrei lässt du etwas auskühlen und rührst dann mit einem Schneebesen die gemixten Beeren unter. Fülle dies nun in eine Glasschüssel und lasse es im Kühlschrank erstarren. ● Die restlichen Erdbeeren wäschst du nur und belässt den Blütenansatz. ● Mit steif geschlagener Sahne spritzt du große Tupfer mit der Garnierspritze auf die Grütze und steckst die Erdbeeren, mit dem Stiel nach oben, in die Sahnetupfer.

Zutaten
1/4 l Apfelsaft
1 MS Delifrut
75 g Perltapioka (Sago)

300 g Erdbeeren, netto
100 g Honig

Zum Verzieren:
100 g Sahne
100 g Erdbeeren

Geräte
kleiner Kochtopf
Messbecher
Küchenmesser
Kochlöffel
Mixgerät
Mixbecher
Esslöffel
Schneebesen
Stiel-Teigschaber
Glasschüssel
Sahneschläger
hoher Becher
Garnierspritze

Schleckereien

Erdnussaufstrich marmoriert✻

Zutaten
150 g Erdnussmus, ungesalzen
150 g Butter
150 g Honig
2 TL Kakao

Geräte
Rührschüssel
Löffel
Messer
Elektroquirl
Teelöffel
Stiel-Teigschaber
kleine Schüssel
Gabel

In eine Rührschüssel gibst du Erdnussmus, weiche Butter und Honig und rührst alles cremig. Die Hälfte der Creme nimmst du heraus und gibst sie in eine kleine Schüssel. Unter die restliche Creme rührst du den Kakao. ● Fülle nun die helle Creme neben die dunkle Creme in die kleine Schüssel. ● Zum Marmorieren ziehst du nun eine Gabel spiralförmig durch beide Cremes. Vor dem Verzehr kühl stellen.

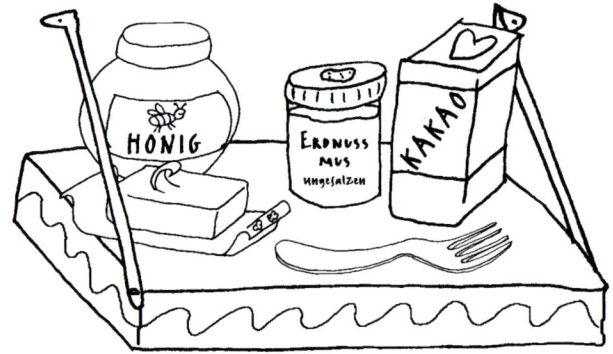

Honig-Sesam-Butter

In einer Pfanne ohne Fett bei mäßiger Hitze unter ständigem Rühren mit einem Kochlöffel 50 g Sesam rösten, 1–3 Minuten, bis er duftet. Dann zum Abkühlen auf einen Teller geben. Weitere 50 g Sesam im Elektro-Blitzhacker mehlfein zerkleinern. ● In einer Rührschüssel weiche Butter mit Honig und Delifrut cremig rühren, gerösteten und zerkleinerten Sesam unterrühren. Mit dem Stiel-Teigschaber in ein kleines Gefäß füllen und kühl stellen.

Zutaten
50 g Sesam, geröstet
50 g Sesam, zerkleinert

150 g Butter
100 g Honig
1 MS Delifrut

Geräte
Pfanne
Kochlöffel
Teller
Elektro-Blitzhacker
Rührschüssel
Esslöffel
Messer
Stiel-Teigschaber

Schleckereien

Kiwicreme

(für 2 Personen)

Zutaten
*2 Kiwis
1 TL Honig
125 g Sahnequark, 40 %
1 MS Vanille
einige Walnusskerne*

Geräte
*Schneidebrett
Küchenmesser
Teelöffel
Mixbecher
Mixgerät
Stiel-Teigschaber
2 Glasschälchen*

Schneide die Kiwis quer auf, schneide 2 Scheiben ab und lege sie einstweilen beiseite. Du brauchst sie später zum Verzieren. Mit einem Teelöffel nimmst du nun das Fruchtfleisch aus den Kiwis.
● Das Fruchtfleisch mixt du mit Honig, Quark und Vanille und füllst die fertige Creme in 2 Glasschälchen. In die Mitte legst du eine abgeschälte Kiwischeibe und rundherum einige Nusskerne.
● Kiwicreme musst du immer frisch zubereiten und sofort servieren. ● Du kannst die Creme auch mit Erdbeeren, Himbeeren, Bananen und reifen Aprikosen zubereiten. Diese Cremes kannst du bis zum Servieren in den Kühlschrank stellen.

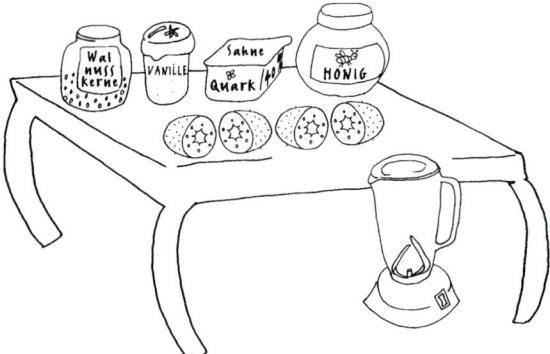

Kompott aus rohem Obst

(für 2 Personen)

Das Obst, aus dem du das Kompott zubereitest, soll reif und saftig sein. Du wäschst und entkernst es und schneidest es in kleine Würfel. ● Im ausgepressten Zitronensaft verrührst du mit dem Schneebesen den Honig und das Delifrut, gießt es über das geschnittene Obst und vermengst es vorsichtig. Nun lässt du das Kompott eine halbe Stunde stehen, damit es saftig wird. ● Es schmeckt nicht nur als Nachtisch gut, sondern auch zu Brei oder Auflauf,

Zutaten
600 g reifes Obst
 (z. B. Pfirsiche,
 Birnen, Aprikosen,
 Melonen, Kirschen)
Saft von 1 Zitrone,
 unbehandelt
1–2 TL Honig
1 MS Delifrut

Geräte
Schneidebrett
Küchenmesser
Zitronenpresse
Teelöffel
Schüssel
Esslöffel
kleiner Schneebesen

Schleckereien

Krachnuss-Aufstrich ❀

Zutaten
75 g Erdnusskerne, ungesalzen
100 g Erdnussmus, ungesalzen
100 g Butter
100 g Honig
3 TL Kakao

Geräte
Nusshacker
Schneidebrett
kleine Pfanne
Kochlöffel
Teller
Rührschüssel
Elektroquirl
Esslöffel
Teelöffel
Stiel-Teigschaber

In eine Pfanne ohne Fett gibst du die gehackten Erdnusskerne und rührst sie bei mäßiger Hitze mit dem Kochlöffel hin und her, 1–3 Minuten, bis sie leicht duften. Dann gibst du sie auf einen Teller zum Auskühlen. ● In eine Rührschüssel gibst du Erdnussmus, weiche Butter, Honig und Kakao und rührst alles cremig. Die abgekühlten Erdnusskerne unterrühren und mit dem Stiel-Teigschaber in ein kleines Gefäß füllen. Vor dem Verzehr kühl stellen.

Marmelade aus rohem Obst ❋

Wasche das Obst sauber, lasse es in einem Sieb abtropfen und entkerne die Aprikosen oder Zwetschgen, oder drehe den Blütenansatz bei Erdbeeren, Himbeeren oder Brombeeren heraus, oder perle die Früchte bei Johannisbeeren vom Stiel ab.
● Dann gibst du das Obst in den Mixbecher, wiegst Honig dazu, gibst Agar-Agar hinein und mixt es kurz. Fülle es nun mit Hilfe eines Stiel-Teigschabers in einen Kochtopf und erwärme es unter ständigem Rühren bei mittlerer Hitze. Es darf nur leicht warm werden, damit das Agar-Agar quillt und die Marmelade andickt. Probiere deshalb ständig die Marmelade mit einem kleinen Löffel, dass sie nur lauwarm ist und nicht zu heiß wird. ● Dann füllst du sie in ein Glas- oder Keramikgefäß und bewahrst es verschlossen im Kühlschrank auf. So gekühlt hält die Marmelade 2–3 Wochen. ● Diese rohe Marmelade schmeckt gut als Pfannkuchenfüllung, in Dickmilch oder Joghurt gerührt und natürlich besonders als Aufstrich auf dein selbst gebackenes Brot.

Zutaten
400 g reifes, frisches Obst, z. B. Aprikosen, Brombeeren, Erdbeeren, Himbeeren, rote und schwarze Johannisbeeren, Zwetschgen
125 g Honig
1 gehäufter TL Agar-Agar

Geräte
Mixbecher
Mixgerät
Esslöffel
Teelöffel
kleiner Kochtopf
Stiel-Teigschaber
Kochlöffel
Glas- oder Keramikgefäß

Schleckereien

Melone Schlaraffenland
(für 2 Personen)

Wasche die Melone, halbiere sie mit einem Messer und hebe mit einem Löffel die Kerne heraus. Schneide nun die beiden äußeren Spitzen etwas ab, damit sie auf einem Teller gut stehen bleibt. In den Rand der Melonenhälfte kannst du Zacken schneiden.
● Schlage die Sahne steif, gib den Honig dazu und schlage noch kurz weiter. ● Von den gewaschenen Himbeeren behältst du 6 Stück zum Verzieren zurück, die restlichen mengst du unter die geschlagene Sahne. Diese Himbeersahne füllst du jetzt in die entkernte Melone, verzierst sie mit Himbeeren und richtest sie auf einem Teller an. ● Du kannst sie auch vorher noch 15 Minuten in den Kühlschrank stellen.
● Mit einem Teelöffel stichst du dir das Fruchtfleisch der Melone aus der Schale und isst es mit der Himbeersahne.

Zutaten
1 reife Honigmelone
100 g Sahne
   (1/2 Becher)
2 TL Honig
150 g Himbeeren

Geräte
Küchenmesser
Esslöffel
2 Teller
Sieb
hoher Becher
Elektroquirl oder
   Sahneschläger
Teelöffel

Nussbutter ✻

Reibe mit einer Nussmühle die Nüsse fein. In einer Rührschüssel rührst du Honig mit weicher Butter mit dem Schneebesen glatt. Nun gibst du die gemahlenen Nüsse und Delifrut dazu und verrührst alles gut mit einem Kochlöffel. ● Die fertige Nussbutter füllst du mit dem Stiel-Teigschaber in ein Keramiktöpfchen und stellst sie bedeckt zum Erkalten in den Kühlschrank.

Zutaten
100 g Nüsse gemischt,
   z. B. Haselnüsse und Mandeln
100 g Honig
100 g Butter
2 MS Delifrut

Geräte
Nussmühle
Rührschüssel
Esslöffel
Messer
Schneebesen
Kochlöffel
Stiel-Teigschaber
Keramiktöpfchen

Schleckereien

Obstspießchen Tuttifrutti*

Für jede Person brauchst du ein oder mehrere Holzspießchen, je nach Länge. Das Obst wird nun so hergerichtet, dass du es in größeren Würfeln oder Stückchen aufspießen kannst. Die Orange wird geschält und in Würfel zerschnitten, die Banane geschält und in dicke Scheiben geschnitten. Kirschen werden entkernt, Birnen und Äpfel viertelst du und teilst sie in Stücke. Ananas schneidest du auf wie einen Apfel, schneidest mit einem gezackten Messer den mittleren Strunk und die Schale ab und würfelst sie auch. ● Nun spießt du nacheinander verschiedene Obstsorten auf den Holzspieß. Achte darauf, dass du auch mit den verschiedenen Obstfarben wechselst. ● Diese Obstspießchen kannst du an Geburtstagen oder bei anderen Einladungen als Vorspeise oder zwischendurch reichen.

Zutaten
verschiedenes Obst in verschiedenen Farben, nach Jahreszeit z. B. Orangen, Birnen, Bananen, blaue und grüne Trauben, Kirschen, Äpfel, Ananas, Pflaumen

Geräte
Schaschlikspieße aus Holz
Schneidebrett
Küchenmesser
gezacktes Messer

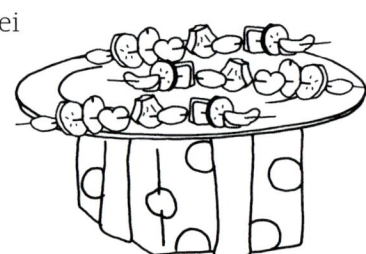

Quarkcreme mit Obst
(für 2 Personen)

In einer Rührschüssel verrührst du mit einem Schneebesen den Magerquark mit Sahne, Honig und Delifrut. ● Das Obst wird, je nach Sorte, geschält (z. B. Bananen, Orangen), entsteint (z. B. Kirschen, Aprikosen) oder entkernt (z. B. Birnen, Äpfel) und in kleine Scheiben oder Würfelchen geschnitten. ● In einer Schüssel vermischst du das Obst mit dem ausgepressten Zitronensaft. Dann verteilst du es in 2 Kompottschalen und gibst die Quarkcreme darüber. Die Nüsse schneidest du in kleine Stücke und streust sie über die Quarkcreme. ● Nach Belieben kannst du sie 15 Minuten kühl stellen.

Zutaten
200 g Magerquark
6 EL Sahne
2 EL Honig
2 MS Delifrut
500 g Obst der Jahreszeit, entweder eine Sorte oder gemischt
Saft von 1/2 Zitrone, unbehandelt
2 EL Mandeln oder Haselnüsse

Geräte
Rührschüssel
Schneebesen
Esslöffel
Küchenmesser
Schneidebrett
Zitronenpresse
Schüssel
Kompottschalen

Schleckereien

Rohes Apfelmus
(für 2 Personen)

Zutaten
500 g Äpfel
Saft von 1 Zitrone, unbehandelt
1 EL Honig
1 MS Delifrut

Geräte
Küchenmesser
Zitronenpresse
Esslöffel
Schneebesen
Schüssel
Rohkostreibe

Die Äpfel schneidest du in Viertel und nimmst das Kernhaus heraus. Die Schale der Äpfel wird mitgerieben, wenn sie nicht sehr hart und runzelig ist. ● Presse die Zitrone aus, verrühre sie in einer Schüssel mit Honig und Delifrut und reibe die Äpfel auf einer feinen Rohkostreibe hinein. Vermische alles gut und serviere es gleich. ● Du kannst es zu Kartoffelpuffern, Pfannkuchen oder Aufläufen essen, auch als Nachtisch oder als Zwischenmahlzeit in der heißen Jahreszeit schmeckt es köstlich. ● Serviere das Apfelmus als Nachtisch mit etwas steif geschlagener Sahne garniert.

Rohes Preiselbeer-kompott*

Die reifen Preiselbeeren musst du sauber verlesen und in einem Sieb waschen. Dann gibst du sie in einen hohen Mixbecher, wiegst den Honig dazu und mixt mit Agar-Agar und Delifrut alles zusammen. Es soll jedoch nicht so fein gemixt sein wie die meisten Marmeladen, man soll noch einige Beeren sehen. ● Nun erwärmst du die Masse unter Rühren in einem Topf, sie darf jedoch nur lauwarm werden. Nimm den Topf vom Herd und lasse noch 10 Minuten quellen. Fülle alles in ein Glas oder eine kleine Schüssel und stelle es bis zum Verbrauch in den Kühlschrank. Nach ca. 3 Wochen solltest du es verbraucht haben. ● Das Kompott schmeckt sehr gut zu Kartoffelpuffern oder Pfannkuchen, über das Vanille-Eis gegossen oder in die Sauermilch gerührt.

Zutaten
400 g Preiselbeeren
125 g Honig
1 gehäufter TL Agar-Agar
1/2 TL Delifrut

Geräte
Sieb
hoher Mixbecher
Teelöffel
Mixgerät
kleiner Kochtopf
Kochlöffel
Glas oder kleine Schüssel

… 264 …

Schleckereien

Rohes Zwetschgenmus

(für 2 Personen)

Wasche die Zwetschgen, entkerne sie und gib sie in einen hohen Mixbecher. Gib Honig und Delifrut dazu und mixe alles. ● Fülle das Mus in eine Kompottschüssel und serviere es gleich. Es passt zu Kartoffelpuffern, Pfannkuchen oder Aufläufen oder zum Frischkornbrei.

Zutaten
500 g Zwetschgen
1 EL Honig
 (nur bei sauren
 Zwetschgen)
2 MS Delifrut

Geräte
Küchenmesser
hoher Mixbecher
Esslöffel
Mixstab
Kompottschüssel

Schokoladencreme

(für 2 Personen)

Gieße das abgemessene Wasser in einen kleinen Topf. Mische das frisch und sehr fein gemahlene Weizenvollkornmehl mit Kakao und rühre es mit dem Schneebesen in das Wasser. ● Unter ständigem Rühren bringst du es nun zum Kochen, lässt es 1 Minute kochen und stellst es zum Abkühlen in kaltes Wasser (Spülbecken). ● In der Zwischenzeit schlägst du die Sahne steif: Du füllst sie in ein hohes, schmales Gefäß und schlägst sie mit dem Elektroquirl oder Handquirl steif. Aufpassen, zu langes Schlagen ergibt Butter! Wenn die Creme abgekühlt ist, rührst du den Honig dazu und hebst die Sahne darunter. Du kannst ca. 4 EL geschlagene Sahne in die Garnierspritze füllen und die in 2 Schüsselchen verteilte Creme damit verzieren. ● Danach stellst du sie noch 1/2 – 1 Stunde kühl.

Zutaten
1/4 l Wasser
50 g Weizenvollkornmehl
1 gehäufter TL
 dunkler Kakao

1/2 Becher Sahne (100 g)
1 EL Honig (50 g)

Geräte
kleiner Topf
Messbecher
Getreidemühle
Teelöffel
kleiner Schneebesen
Esslöffel
schmaler Topf
Elektroquirl
Stiel-Teigschaber
Garnierspritze

Schleckereien

Schwarzbeer-Kaltschale
(für 2 Personen)

Zutaten
300 g Schwarzbeeren
   (Heidelbeeren)
2 TL Honig
1 MS Zimt
1/4 l rohe Milch

Geräte
Sieb
Schüssel
Teelöffel
Küchenmesser
Gabel
Messbecher

Wasche die Schwarzbeeren in einem Sieb und gib sie in eine breite, niedere Schüssel. ● Gib Honig und Zimt dazu und zerdrücke die Beeren mit einer Gabel zu einem groben Mus. Gieße nun unter Rühren die Milch dazu und stelle dann die Schüssel in den Kühlschrank. ● Nach ca. 15 Minuten ist die Milch dicklich geworden, und du kannst sie servieren. ● Dazu schmecken Vollkornwaffeln (siehe S. 216) ganz herrlich.

Vanillecreme mit Früchten

(für 2 Personen)

In einem kleinen Kochtopf verrührst du mit einem Schneebesen das Wasser mit dem frisch gemahlenen Weizenvollkornmehl und bringst es unter Rühren zum Kochen. Wenn es 1 Minute gekocht hat, stellst du den Topf zum Abkühlen ins kalte Wasser (Spülbecken), dabei rührst du ab und zu um. ● Wenn der Inhalt abgekühlt ist, rührst du Vanille, Eidotter, Honig und Sahne dazu. Das Eiweiß schlägst du zu steifem Schnee und rührst es vorsichtig unter die Creme. ● Das Obst wird, je nach Sorte, geschält, entsteint oder entkernt. Danach schneidest du es in Scheiben oder Würfelchen und verteilst es in 2 Kompottschalen. 2 Stücke oder Scheiben lässt du zum Verzieren zurück. Dann verteilst du die Creme über dem Obst, verzierst sie mit dem zurückgelassenen Stück Obst und stellst sie 15 Minuten kühl.

Zutaten
1/4 l Wasser
50 g Weizenvollkornmehl

2 MS Vanille
1 Eidotter
2 EL Honig
2 EL Sahne
1 Eiweiß

500 g verschiedenes Obst je nach Jahreszeit

Geräte
Messbecher
kleiner Kochtopf
Getreidemühle
Schneebesen
Küchenmesser
Schneidebrett
Tasse
Esslöffel
hoher Mixbecher
Elektroquirl
Kompottschalen
Stiel-Teigschaber

Schleckereien

Walnuss-Mandel-Butter

Walnusskerne mit dem Nusshacker auf einem Schneidebrett klein hacken. ● In einer Rührschüssel weiche Butter, Honig, Mandelmus und Vanille mit dem Elektroquirl cremig rühren, dann die gehackten Kerne unterziehen. In ein kleines Gefäß füllen und vor dem Verzehr kühl stellen.

Zutaten
75 g Walnusskerne
100 g Butter
100 g Honig
1 EL Mandelmus
2 MS Vanille

Geräte
Nusshacker
Schneidebrett
Rührschüssel
Esslöffel
Messer
Elektroquirl
Stiel-Teigschaber

Walnuss-Schoko-Butter

Rühre in einer Schüssel die Butter cremig, gib den Honig dazu (wie du ihn abwiegst siehe S. 24) und rühre ihn mit Zimt und Kakao unter die Butter.
● Auf einem Schneidebrett hackst du die Walnüsse in kleine Stückchen und rührst sie ebenfalls unter die Butter. ● Mit dem Stiel-Teigschaber in ein kleines Gefäß füllen und bis zum Verzehr kühl stellen.

Zutaten
100 g Butter
75 g Honig
2 MS Zimt
2 TL Kakao
50 g Walnusskerne

Geräte
Rührschüssel
Elektroquirl
Esslöffel
Teelöffel
Messer
Schneidebrett
Nusshacker
Stiel-Teigschaber

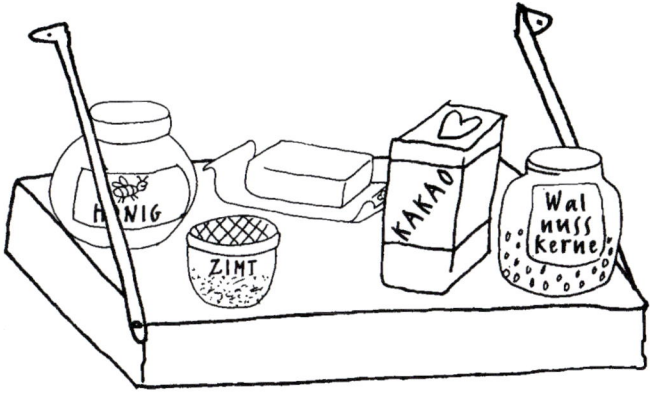

Pikantes

Bunte Käsekugeln

Zutaten
125 g weicher
  Rohmilch-
  Camembert
25 g Butter
1/2 TL Paprika, süß
1/2 TL Curry
1/2 TL Kümmel
2 TL gehackte
  Walnüsse
2 TL Schnittlauch
1–2 Salatblätter

Geräte
Suppenteller
Küchenmesser
Gabel
Teelöffel
Tasse
Schneidebrett
Teller
Spießchen

In einem Suppenteller schneidest du den Käse und die Butter in kleine Stücke. Mit einer Gabel zerdrückst und vermengst du beides gut. Den entstandenen »Käseteig« teilst du nun mit einem Teelöffel in 16 Teile und drehst aus jedem Teil eine Kugel. In eine Tasse gibst du 1/2 Teelöffel Paprikapulver, legst eine Kugel hinein und schwenkst die Tasse hin und her, dass die Käsekugel ganz rot wird. ● Mit Curry, Kümmel, gehackten oder geriebenen Nüssen und Kräutern machst du es ebenso. Die Tasse musst du zwischendurch natürlich immer abspülen. Lege die bunten Käsekugeln auf einen Teller und stelle sie in den Kühlschrank. ● Zum Anrichten legst du 1–2 gewaschene Salatblätter auf einen Teller oder in eine kleine Schüssel und ordnest darauf die bunten Käsekugeln an. Du kannst auch kleine bunte Plastikspießchen oder Zahnstocher hineinstecken. ● Dazu reichst du Salat und Vollkornbrot, am besten ein selbst gebackenes.

Gebackene Kastanien*
(für 2 Personen)

Die Kastanien schneidest du mit einem Messer kreuzweise in der Mitte ein, so tief, dass die Schale offen ist. Das ist wichtig, sonst kannst du sie später nicht gut abschälen. ● Die eingeschnittenen Kastanien legst du mit dem Schnitt nach oben in eine Springform oder auf ein Backblech. ● Im Backofen bei 200 Grad (Gas Stufe 4), mittlere Schiene, werden sie 30 Minuten gebacken. Danach nimmst du die Springform mit Topflappen vorsichtig heraus, lässt sie kurz abkühlen, und schon kannst du die Kastanien servieren. ● Mit den Händen wird die Schale entfernt und das Innere der Kastanie gegessen. ● Ein Tip: Bratäpfel (siehe S. 249) und gebackene Kastanien zaubern Winterstimmung ins Haus.

Zutaten
500 g Esskastanien

Geräte
Küchenmesser
Springform

Pikantes

Geröstete Salzmandeln

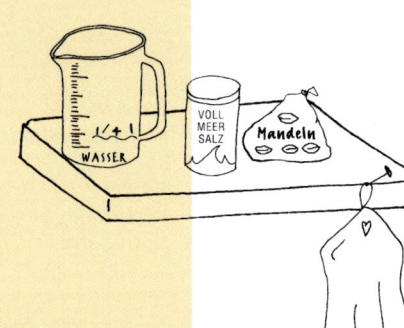

Zutaten
100 g Mandeln
ca. 1/4 l Wasser
1 MS Vollmeersalz

Geräte
kleiner Topf
Messbecher
Esslöffel
Sieb
Geschirrtuch
Pfanne
Küchenmesser
Holzbesteck

Koche die Mandeln in Wasser ca. 1 Minute und nimm sie dann von der Kochstelle. Nacheinander holst du die Mandeln esslöffelweise aus dem Topf, gibst sie in das Sieb und schälst sie gleich ab. Im heißen Zustand geht die Schale leicht ab. Die abgeschälten Mandeln legst du auf ein Geschirrtuch. Dann holst du den nächsten Esslöffel Mandeln aus dem Topf und verfährst wie beschrieben. ● Wenn du alle Mandeln abgeschält hast, tupfst du sie mit dem Tuch trocken. ● In einer großen Pfanne röstest du die Mandeln nun ohne Fett (Herdeinstellung 2, wenn 3 die höchste ist; bei Gas zwischen größter und kleinster Flamme). Du wendest sie immer wieder, am besten mit einem Holzbesteck, sodass sie nicht anbrennen. Nach 7–10 Minuten sind sie leicht geröstet und leicht braun. Jetzt nimmst du die Pfanne vom Herd, streust ganz wenig Salz darüber, mischst sie gut und gibst sie in ein Schälchen.

Grissini ❋

In einer Backschüssel mischst du das frisch gemahlene Weizen- und Kamutvollkornmehl mit Sesam, Hefe und Salz. Die Butter schneidest du in kleine Stücke und gibst sie und das Wasser in die Schüssel. Zuerst verrührst du alles gut mit einem Esslöffel und dann knetest du mit deiner Hand alles zu einem weichen, elastischen Teig. Diesen lässt du nun 15 Minuten ruhen. ● Auf einer Arbeitsfläche rollst du den Teig zu einer dicken Stange. Mit dem Teigschaber teilst du diese in 12 Teile, und das geht so: Zuerst halbierst du die Stange, dann schneidest du die Hälften nochmals in der Mitte durch und danach zerteilst du jedes Stück nochmals in 3 Teile; somit hast du 12 gleich große Teile. ● Aus jedem Teigstück rollst du eine dünne Stange, die du senkrecht auf ein leicht gefettetes Backblech legst. Mit einem Pinsel bestreichst du sie mit Wasser. ● Bei 200 Grad, mittlere Schiene, bäckst du die Stangen 15–20 Minuten leicht hellbraun. Auf einem Kuchengitter auskühlen lassen.

Zutaten
200 g Weizenvollkornmehl
50 g Kamutvollkornmehl
4 EL Sesam, ungeschält
1 TL Bio-Trockenhefe
1/2 TL Vollmeersalz
60 g Butter
1/8 l Wasser, lauwarm

Geräte
Backschüssel
Esslöffel
Teelöffel
Messer
Messbecher
Teigschaber
Pinsel
Kuchengitter

Pikantes

Käseplätzchen

Zutaten
150 g Weizen-
    vollkornmehl
100 g Emmentaler
1/2 TL Kümmel
2 MS Vollmeersalz
2 MS Backpulver
1 Ei
100 g Butter
etwas Streumehl

Geräte
Schüssel
Getreidemühle
Käsereibe
Teelöffel
Küchenmesser
Tasse
Gabel
Kochlöffel
Backblech
Backpinsel
Backschaufel

In einer Schüssel mischst du das frisch gemahlene Weizenvollkornmehl mit fein geriebenem Käse, Kümmel, Salz und Backpulver. Das Ei schlägst du auf, gibst es in eine Tasse und rührst es mit einer Gabel gut durch. Die Hälfte des Eies gibst du zum Mehl, den Rest stellst du zum Bestreichen beiseite. ● Nun schneidest du die kalte Butter in kleinen Stückchen über das Mehl, verrührst zuerst alles mit dem Kochlöffel und knetest dann mit der Hand einen glatten Teig daraus. Diesen lässt du ca. 1 Stunde ruhen. ● Auf einer leicht bemehlten Arbeitsfläche halbierst du den Teig und formst aus jedem Teil eine Rolle. Diese schneidest du in je 15 Teile. Aus jedem Teil drehst du eine kleine Kugel, drückst sie etwas flach und legst sie auf ein ungefettetes Backblech. Bestreiche mit einem Backpinsel alle Plätzchen mit dem zurückgelassenen Ei. ● Im vorgeheizten Ofen bäckst du sie bei 175 Grad, mittlere Schiene, ca. 20 Minuten goldgelb. Lasse sie auf dem Blech etwas auskühlen und nimm sie erst dann mit der Backschaufel ab.

Käsespießchen Max und Moritz

Für jede Person brauchst du einen oder mehrere Holzspießchen, schneide den Käse in Würfel oder kleine Stücke, das geputzte Gemüse in Achtel, Scheiben, Würfel, je nach Art, ebenso das Obst. ● Spieße nun abwechselnd Käse, Gemüsestücke und Obst in verschiedenen Farben auf. ● Dazu kannst du Vollkornbrot oder Vollkornbrötchen mit Butter reichen.

Zutaten
verschiedener
  Hartkäse, z. B.
  Emmentaler,
  Gouda, Butterkäse,
  Appenzeller und
  Tilsiter
verschiedenes
  Gemüse oder Obst,
  das zum Käse passt,
  z. B. Tomaten, rote
  und grüne
  Paprikaschoten,
  Gurken, Birnen,
  Weintrauben blau
  und grün

Geräte
Schaschlikspieße aus
  Holz
Schneidebrett
Küchenmesser
Tomatenmesser

Pikantes

Kleiner Imbiss*

Zutaten
4 Scheiben
   Vollkornbrot
Butter
2 Scheiben Käse
   oder Pastete
verschiedenes
   Gemüse oder Obst

Geräte
Schneidebrett
Messer
Küchenmesser
4 Schaschlikspieße
   aus Holz

Bestreiche die 4 Brotscheiben mit Butter. Auf 2 dieser Brotscheiben legst du je eine Käsescheibe oder bestreichst sie mit Pastete. Darauf legst du wiederum die 2 Butterbrotscheiben. Zerschneide die Brote auf einem Schneidebrett in ca. 2 x 2 cm große Würfel. Die unregelmäßigen Stückchen werden auch mitverwendet. ● Zerschneide nun in große Würfel geschmacklich dazu passendes Gemüse, z. B. Gurken, Tomaten, rote und gelbe Paprikaschoten, Karotten, Kohlrabi und Obst, z. B. Weintrauben, Mandarinen, Bananen, Birnen. Spieße nun abwechselnd Brotwürfel und Gemüse und/oder Obststücke auf Schaschlikspieße aus Holz und reiche es deinen Freunden zum Imbiss. ● Du kannst mit gutem Zuspruch rechnen.

❋ *Bestreiche dein Brot mit pflanzlicher Pastete.*

Kressebutter ✿

Rühre in einer Schüssel die weiche Butter mit Salz und Hefeflocken cremig. Die Kresse nimmst du aus der Pappschale heraus und schneidest sie 2–3 cm hoch ab. Auf dem Schneidebrett hackst du sie mit dem Wiegemesser fein und rührst sie unter die Butter. Mit dem Stiel-Teigschaber füllst du sie in ein kleines Gefäß und stellst sie vor dem Servieren kühl.

Zutaten
100 g Butter
1/2 TL Kräutersalz
2 EL Hefeflocken
1 Schale Kresse

Geräte
Rührschüssel
Elektroquirl
Esslöffel
Schere
Schneidebrett
Wiegemesser
Stiel-Teigschaber

Pikantes

Kümmelstängchen ✿

Zutaten
250 g Roggenvoll-
   kornmehl
2 EL Kümmel
1 TL Bio-Trockenhefe
1/2 TL Vollmeersalz
100 g Butter
1/8 l Wasser,
   lauwarm

Geräte
Backschüssel
Esslöffel
Teelöffel
Messer
Messbecher
Teigschaber
Pinsel
Kuchengitter

Mische in einer Backschüssel das frisch gemahlene Roggenvollkorn-mehl mit Kümmel, Hefe, Salz und klein geschnittener Butter. Gieße das Wasser darüber und verrühre zuerst alles mit einem Esslöffel, dann knetest du mit deiner Hand alles zu einem glatten, geschmeidigen Teig. Diesen lässt du 15 Minuten ruhen. ● Auf einer Arbeitsfläche rollst du den Teig zu einer dicken Stange, die du mit dem Teigschaber in 5 gleich große Stücke schneidest. Jedes Stück teilst du dann in 10 Scheiben, sodass du 50 Teigstücke hast. ● Aus jedem Teigstück formst du eine Kugel und daraus eine kleine Stange, 10–12 cm lang, in der Mitte dicker, an den Enden dünner werdend. ● Sie passen alle auf ein leicht gefettetes Backblech. Mit einem Pinsel bestreichst du sie mit Wasser. ● Bei 200 Grad, mittlere Schiene, bäckst du sie 15–20 Minuten, bis die Enden der Stängchen leicht braun sind. Stelle das Backblech auf ein Kuchengitter und lasse sie auskühlen.

Paprikabutter

Rühre in einer Schüssel die weiche Butter mit dem Schneebesen cremig. Gib Tomatenmark, Hefeflocken, Paprika (süß) und Salz dazu. Die Paprikaschote schneidest du in feinste Würfelchen und rührst sie mit den anderen Zutaten unter die Butter. ● Fülle sie in ein Keramiktöpfchen und stelle sie vor dem Servieren kühl.

Zutaten
*100 g Butter
2 TL Tomatenmark
2 EL Hefeflocken
1 TL Paprika, süß
2 MS Vollmeersalz
100 g rote Paprikaschote*

Geräte
*Rührschüssel
Schneebesen
Teelöffel
Esslöffel
Schneidebrett
Küchenmesser
Stiel-Teigschaber*

Pikante Butter

Rühre in einer Schüssel die weiche Butter mit dem Schneebesen cremig. Gib Senf, Hefeflocken, die sehr klein geschnittene Gurke und Zwiebel dazu und rühre alles unter die Butter.
● Mit einem Stiel-Teigschaber füllst du sie in ein Keramiktöpfchen und stellst sie vor dem Servieren kühl.

Zutaten
*100 g Butter
2 TL körniger Senf
2 EL Hefeflocken
1 kleine eingelegte Gurke
1 kleine Zwiebel*

Pikantes

Partybrot Lucullus*

Zutaten
französisches
 Stangenbrot siehe
 S. 140
4 Salatblätter von
 Eissalat oder
 Radicchio
200 g Tomaten
1 kleine lila Zwiebel
150 g frische Gurke
1 kleine gelbe
 Paprikaschote
1 hartgekochtes Ei
Butter
Kräutersalz
100 g Emmentaler
 oder Rohmilch-
 Camembert

Sauce:
100 g Sauerrahm
2 TL Tomatenmark
2 MS Vollmeersalz
1 kleine eingelegte
 Gurke
1 kleine Zwiebel
1 EL Kresse

Du bäckst das Stangenbrot wie auf Seite 140 beschrieben und lässt es auskühlen. Inzwischen bereitest du die Füllung. Sie reicht für 1 Brot, das in 6 Teile geschnitten wird. ● Wasche die Salatblätter, schneide die Tomaten quer in Scheiben auf, die Zwiebel in dünne Ringe, die Gurke mit der Schale in dünne Scheiben und die Paprikaschote in Längsstreifen. Das Ei kochst du so: Stich mit einem Eierstecher in die Eispitze, damit es beim Kochen nicht platzt. Dann legst du es mit einem Esslöffel in einen kleinen Topf mit kochendem Wasser, drehst die Hitze zurück und lässt es 10 Minuten leicht kochen. Mit dem Esslöffel nimmst du es aus dem Topf und hältst es 1–2 Minuten unter das fließende kalte Wasser. Nach dem Erkalten schälst du es ab und schneidest es mit dem Eierschneider in dünne Scheiben. ● Für die Sauce verrührst du Sauerrahm mit Tomatenmark und hebst die sehr klein geschnittene Gurke, Zwiebel und Kresse darunter. ● Nun schneidest du das ausgekühlte Stangenbrot waagerecht auf und bestreichst beide Brotseiten mit Butter.

● Lege die Unterseite des Brotes auf eine lange Platte oder ein Holzbrett und belege sie wie folgt: Die erste Belagschicht sind knackige Salatblätter, dann folgen Tomatenscheiben und Zwiebelringe, die du leicht mit Kräutersalz bestreust. Darüber werden die Käsescheiben gelegt und auf diese die Gurkenscheiben. Die Sauce verteilst du nun auf den Gurkenscheiben, legst die Eierscheiben in die Sauce und legst zum Abschluss die Paprikaschoten darüber. ● Die mit Butter bestrichene Brotoberseite zerschneidest du in 6 Stücke und legst sie auf die Paprikastreifen. Salat, Gemüse und Käse dürfen natürlich über den Brotrand hinausragen. Nun kannst du dein Brot servieren. Bei Tisch wird es dann nach den Einschnitten der Oberseite ganz durchgeschnitten. ● Bei einer Party kannst du Salat und Gemüse vorher waschen und schneiden, das Ei kochen, sodass du in kürzester Zeit eine herrliche Überraschung gezaubert hast.

🌼 *Lasse Käse und Ei weg. Bestreiche die Brotober- und Unterseite mit Butter und pflanzlicher Pastete.*

Geräte
Schneidebrett
Teller
Küchenmesser
kleiner Topf
Esslöffel
Eierschneider
Eierstecher
kleine Schüssel
kleiner Schneebesen
Brotmesser
längliche Platte oder Holzbrett
Teelöffel

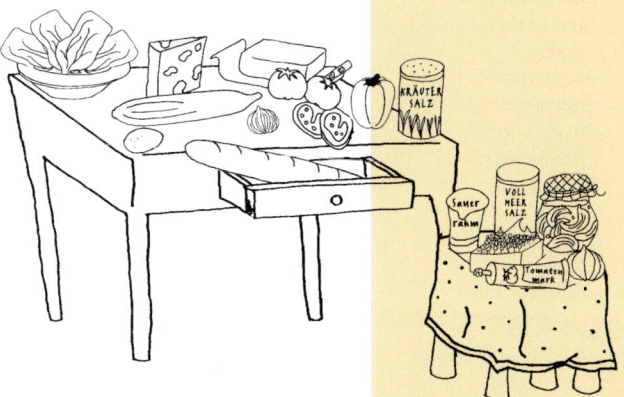

Pikantes

Party-Stängchen

Zutaten
300 g Weizen-
  vollkornmehl
1 TL Backpulver
1 TL Vollmeersalz
100 g würziger
  Reibkäse
100 g Butter
1/8 l Wasser

Zum Bestreichen:
1 Eidotter und 1 TL
  Wasser

Zum Bestreuen:
Mohn, Sesam,
  Kümmel, Paprika

Geräte
Getreidemühle
Schüssel
Teelöffel
feines Reibeisen
Küchenmesser
Messbecher
Tasse
Backpinsel
Backblech
Backschaufel
Kuchengitter
Topflappen

Mische in einer Schüssel das frisch gemahlene Weizenvollkornmehl mit Backpulver und Vollmeersalz. Gib den fein geriebenen Käse dazu, schneide die kalte Butter in kleinen Stückchen darüber und gieße das kalte Wasser hinzu. Dies knetest du alles zu einem geschmeidigen Teig zusammen und lässt ihn 30 Minuten ruhen. ● Nun formst du auf der Arbeitsfläche aus dem Teig eine Rolle und schneidest diese in 20 gleich große Stücke. Aus jedem Teigstück rollst du ein ca. 20 cm langes Stängchen. Die Stängchen legst du nebeneinander auf die Arbeitsfläche und bestreichst sie mit verdünntem Eidotter. Jedes Stängchen bestreust du mit einer Art Gewürz und legst sie alle mit etwas Abstand auf ein ungefettetes Backblech. Sie passen alle auf 1 Blech. ● Bei 200 Grad, mittlere Schiene, bäckst du sie 15 Minuten. Blech mit Topflappen aus der Röhre nehmen und anschließend die Stängchen mit der Backschaufel auf ein Kuchengitter zum Abkühlen legen.

Tomatenbutter*

Rühre in einer Schüssel die weiche Butter mit Tomatenmark cremig. Schneide den gewaschenen Schnittlauch fein und würfle die geschälte Zwiebel klein. Rühre nun beides mit Salz und Hefeflocken unter die Butter. ● Mit dem Stiel-Teigschaber füllst du die fertige Tomatenbutter in ein kleines Gefäß und stellst sie vor dem Servieren kühl.

Zutaten
100 g Butter
2 EL Tomatenmark
1 Bund Schnittlauch
1 kleine Zwiebel
2 MS Vollmeersalz
2 EL Hefeflocken

Geräte
Rührschüssel
Elektroquirl
Esslöffel
Schneidebrett
Küchenmesser
Stiel-Teigschaber

Pikantes

Schlemmer-Igel für Partys oder kleine Feste*

(für 3–4 Personen)

Zutaten
1 großer
  Weißkrautkopf
750 g Vollkorn-
  schnittbrot
Butter
verschiedene
  Käsesorten
Pastete oder
  ähnliche Aufstriche

Zum Verzieren:
grüne und blaue
  Weintrauben
– oder Mandarinen-
  scheibchen
– oder kleine Tomaten
– oder kleine Gürkchen
– oder Oliven
– oder Perlzwiebeln

Mit einem großen Messer schneidest du unten am Krautkopf eine Scheibe ab, damit dieser gut stehen kann und nicht wackelt. Löse nun so viel äußere Deckblätter ab, bis er ganz sauber ist. ● Nun bestreichst du die dünnen Brotscheiben mit Butter, dann mit Käse und legst darauf eine mit Butter bestrichene Scheibe. Diese bestreichst du auf der Rückseite auch mit Butter, dann mit Käse und legst darauf wieder ein Butterbrot. Je vier Brote sollen am Ende aufeinander liegen, die zwischendrin mit Butter, Käse oder einem anderen Belag bestrichen sind. ● Dieses Vierfach-Brot schneidest du in 12 Stücke. Die nun entstandenen Brotwürfel pickst du mit einem Zahnstocher auf und drückst ihn durch das Brot auf den Krautkopf. Den Krautkopf bespickst du nun mit all den Broten, die du vorher bestrichen und zerschnitten hast. ● Zur Verzierung drückst du nun von oben etwas Leckeres auf die Brote, beispielsweise Weintrauben, Tomaten oder Gürkchen. Dann ist dein Igel fertig, und du hebst ihn vorsichtig auf einen Holzteller

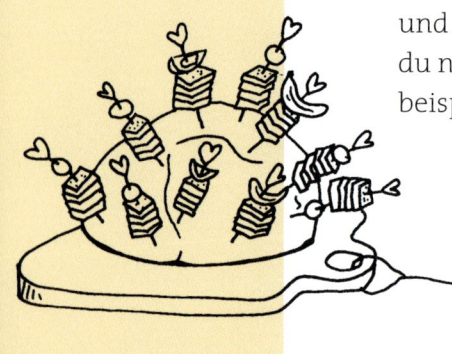

oder auf eine Platte. Wenn du ihn nicht gleich verzehrst, musst du ihn kühl stellen und eventuell auch mit Folie abdecken, damit die Brote nicht austrocknen. ● Das wird bestimmt eine leckere Überraschung, wenn deine Freunde kommen.

❀ *Bestreiche die Brote mit Butter und pflanzlicher Pastete oder mit selbst gemachten Brotaufstrichen.*

Geräte
großes Messer
Messer zum Streichen
Schneidebrett
Zahnstocher

Pikantes

Popcorn ✻

Zutaten
125 g Puffmaiskörner

Geräte
großer Topf mit dickem Boden
2 Topfhandschuhe
Schüssel

Du brauchst dazu einen großen Topf mit dickem Boden. Gib die Körner hinein, der Boden soll gerade damit bedeckt sein. Nun stelle den Topf auf die heiße Herdplatte, Einstellung 2 1/2, wenn 3 die größte Hitze bringt. ● Schließe den Topf und ziehe Topfhandschuhe an. Nun musst du zuerst den Topf ständig hin und her schieben. Wenn die Maiskörner zu krachen beginnen, nimmst du den Topf an beiden Henkeln, hältst mit den Daumen den Deckel zu und schüttelst ihn immer wieder und stellst ihn zurück auf die Platte. ● Die Maiskörner im Topf müssen ständig bewegt sein, damit sie bei der großen Hitze nicht anbrennen. Nach

3–5 Minuten hört es auf zu krachen. Nimm den Topf von der Platte und öffne ihn. Er ist bis zum Rand voll mit Puffmais. Schütte das Popcorn gleich in eine Schüssel, damit es nicht im Topf anbäckt. ● Nach Belieben kannst du 1 Prise Vollmeersalz darüberstreuen.

Getränke

Fruchtbowle

Zutaten
2 l Wasser
8 gehäufte EL Früchtetee
(Malve, Hagebutte, Apfel)

750 g reife Pfirsiche oder Erdbeeren oder Ananas
Saft von 2 Zitronen, unbehandelt
4–5 EL Honig
1/2–3/4 l Mineralwasser

Geräte
Messbecher
Kochtopf, mittelgroß
Esslöffel
Topf oder Krug
großes Sieb
Schneidebrett
Küchenmesser
Zitronenpresse
Schüssel
Schneebesen
Bowlenschüssel
Schöpfer

Zuerst kochst du den Früchtetee: Nimm einen mittelgroßen Topf, gib kaltes Wasser und den Tee dazu und stelle ihn zum Kochen auf den Herd. Lasse ihn 5 Minuten kochen und 15 Minuten ziehen, d. h., du stellst ihn zugedeckt beiseite. Dann hängst du in einen zweiten Topf oder Krug ein großes Sieb und gießt den Tee durch. Sei vorsichtig dabei, am besten, du stellst den Topf dazu in das Spülbecken. Wenn der Tee ausgekühlt ist, stellst du ihn in den Kühlschrank. ● Wasche das Obst gut, entkerne die Pfirsiche und schneide sie in kleine Würfelchen. Bei Erdbeeren drehst du den Stiel heraus und schneidest sie in Scheiben, nicht zu dünn. Ananas viertelst du wie einen Apfel, schneidest aus jedem Viertel in der Mitte den Strunk heraus und zerteilst das Viertel nochmals. Nun legst du sie auf ein Schneidebrett und schneidest mit einem gezackten Messer die Schale weg. Die Ananas schneidest du nun in kleine Würfelchen. ● Presse die Zitronen aus, gib den Saft in eine mittelgroße Schüssel und verrühre den Honig mit dem Schneebesen darin. Dazu gibst du das gewürfelte und geschnittene Obst und vermengst es vorsichtig mit dem Zitronen-Honig-Saft. Stelle dies nun 2 Stunden in den Kühlschrank. ● Nach 2 Stunden gibst du die Früchte in eine Bowlenschüssel und gießt den kalten Tee über die Früchte. Im Kühlschrank kannst du die Bowle aufbewahren, bis deine Gäste kommen. Dann gießt du nur noch das Mineralwasser dazu, und du hast ein herrliches durststillendes Getränk. Mit einem Schöpfer verteilst du es in Gläser. Die angegebene Menge ergibt ca. 3 Liter Fruchtbowle.

Getränke

Kräutertee ❋

Zutaten
Wasser
Kräutertee

Geräte
Messbecher
Wassertopf mit
 Deckel
Teelöffel
Esslöffel
Teekanne
Teesieb

Es gibt 2 Zubereitungsarten von Kräutertee. ● 1. Du setzt das kalte Wasser in einem Topf auf den Herd, 1 Liter ergibt 5 Tassen Tee. Wenn es kocht, stellst du es vorsichtig beiseite und gibst 1–2 leicht gehäufte TL Kräuter hinein, verrührst sie und gibst den Deckel darauf. Nach 10 Minuten kannst du den Tee abseihen. Stelle die Teekanne mit einem Teesieb in das Spülbecken und gieße vorsichtig den Tee durch das Sieb. ● Diese Zubereitungsart ist für Pfefferminze, Melisse, Kamille und Lindenblüten. ● Du kannst die Teekräuter auch in eine Kanne geben, das heiße Wasser vorsichtig darübergießen und 10 Minuten ziehen lassen. Danach gießt du ihn durch ein Sieb in eine zweite Teekanne. ● 2. Du setzt das kalte Wasser in einem Topf auf den Herd und gibst gleich den Tee dazu. Du lässt ihn 2–3 Minuten leise kochen und stellst ihn dann vorsichtig beiseite. Nach 5–10 Minuten kannst du ihn durch ein Sieb gießen. ● Diese Zubereitungsart ist für Malve, Hagebutte, Apfelschale, Orangenschale, Früchtetee, Kakaoschale, Fenchel und Anis. ● Auf 1 Liter Wasser brauchst du bei Malve, Hagebutte, Apfel- und Orangenschale 1 EL, bei Früchtetee 2 EL, bei Kakaoschale 4 EL und 1 Vanillestange, bei Fenchel und Anis 1 TL.

Party-Punsch ✿

Die Gewürze und das Wasser gibst du in einen großen Topf und kochst sie 30 Minuten lang. Dann gibst du die Hagebutten, die Malvenblüten und die Schale einer Zitrone dazu und lässt bei abgeschaltetem Herd den Punsch 15 Minuten ziehen. ● Hänge ein großes Sieb über einen zweiten Kochtopf und gieße den Punsch durch das Sieb (die Vanillestange holst du aus dem Sieb heraus und lässt sie trocknen, du kannst sie noch oft verwenden). ● Verrühre nun den Honig im Tee und gieße den Apfelsaft und den ausgepressten Zitronensaft dazu. ● Den fertigen Punsch kannst du in einer Glaskanne servieren. Er schmeckt auch kalt sehr gut. Die angegebene Menge ergibt ca. 2 1/2 Liter Punsch.

Zutaten
2 Zimtstangen
5 Sternanis
10 Nelken
1–2 Ingwerstücke (ganz)
1 Vanillestange
gut 2 l Wasser

2 EL Hagebuttenschalen
3 EL Malvenblüten (Hibiskus)
Schale von 1 Zitrone, unbehandelt

3 EL Honig
0,7 l Apfelsaft
Saft von 1 Zitrone

Geräte
Messbecher
großer Kochtopf
Esslöffel
Sieb
Küchenmesser
2. Kochtopf
Zitronenpresse
Glaskanne

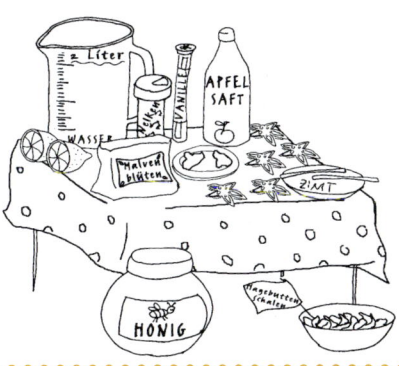

Getränke

Schlemmermilch
(für 2 Personen)

Zutaten
1/2 l Rohmilch
4 TL kaltgerührte
  Marmelade
  (siehe S. 257)
oder kaltgerührte
  Preiselbeeren
  (siehe S. 263)
1 TL Honig
2–4 Kugeln Vanille-Eis
  (siehe S. 239)

Geräte
Messbecher
Rührbecher
Teelöffel
Schneebesen
Eisportionierer oder
  Esslöffel
2 Trinkbecher
2 Trinkhalme

Gib zu der gekühlten Milch die Marmelade und den Honig und verrühre alles mit einem Schneebesen. Nimm aus dem Vanille-Eis mit dem Eisportionierer oder mit einem Esslöffel Eis und gib es in 2 Trinkgläser (das Eis stellst du gleich wieder in den Tiefkühlschrank zurück). ● Gieße nun die Milch über das Eis und serviere die Schlemmermilch mit Trinkhalm.

Bananenmilch
(für 2 Personen)

Gieße die Milch in einen hohen Mixbecher. Schäle die reifen Bananen, zerkleinere sie und gib sie mit dem Delifrut in die Milch. Mixe nun alles und serviere die fertige Bananenmilch in einem Krug. ● Die Menge ergibt ca. 3/4 Liter. ● Statt Bananen kannst du auch Himbeeren, Erdbeeren oder Aprikosen verwenden. ● Die Himbeeren oder Erdbeeren werden vorsichtig gewaschen und der Fruchtansatz herausgedreht. Die reifen Aprikosen werden gewaschen und entsteint.

Zutaten
1/2 l Rohmilch
2 große, reife Bananen
2 MS Delifrut

Geräte
Messbecher
hoher Mixbecher
Mixstab
Küchenmesser
Esslöffel

Himbeermilch
1/2 l Rohmilch
150 g Himbeeren
1 EL Honig
1 MS Delifrut

Erdbeermilch
1/2 l Rohmilch
150 g Erdbeeren
1 EL Honig
1 MS Delifrut

Aprikosenmilch
1/2 l Rohmilch
200 g reife Aprikosen
1 EL Honig
1 MS Delifrut

Sonstiges

Ostergras ✤

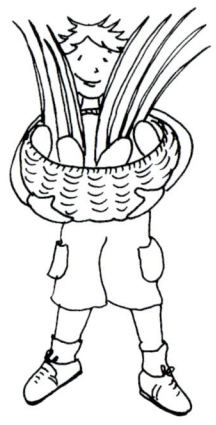

Zutaten
100 g Weizen
ca. 1/2 l Wasser
2–3 Hand voll Gartenerde

Geräte
Messbecher
Schüssel
Sieb
1–2 große, runde Teller
Osterkörbchen

Weiche abends den Weizen im Wasser ein und gieße ihn morgens in ein Sieb. Brause ihn ab und lasse ihn abtropfen. Mache dies 3 Tage lang, jeden Abend und Morgen. Am 3. Tag hat der Weizen Keime bekommen. ● Nun nimmst du 1–2 große, runde Teller und verteilst darauf die Weizenkörner. Diese deckst du mit 1 cm Erde ab. Stelle die Teller an ein Fenster und gieße sie jeden Tag, aber nicht zu viel, sondern erst wenn die Erde wieder trocken ist. ● Nach 2 Tagen schaut der Weizen schon aus der Erde und wächst wie Gras. Wenn das Gras 10–12 cm hoch ist, nimmst du es samt Wurzeln vom Teller ab und legst es in ein Osterkörbchen. Die braun gefärbten Eier (siehe S. 295) kannst du dort hineinlegen. ● Du musst also, damit das Gras an Ostern hoch genug ist, den Weizen 10 Tage vorher einweichen und wie oben beschrieben fortfahren. Viel Spaß!

Ostereier färben

Gib die Zwiebelschalen in einen Topf, gieße 2 Liter Wasser darüber und stelle ihn auf den Herd. Koche die Schalen 10 Minuten aus und lass die Brühe abkühlen. Gieße sie nun durch ein Sieb. ● In dieser Brühe kannst du nun die Eier kochen: Stich mit dem Eierstecher jedes Ei in die Eispitze, damit es beim Kochen nicht platzt. Lasse dann vorsichtig mit einem Esslöffel ein Ei nach dem anderen in das kochende Wasser hineingleiten. ● Wenn die Brühe erneut kocht, drehst du die Hitze zurück und lässt die Eier 10 Minuten kochen. Mit einem Esslöffel nimmst du die Eier aus dem Topf, hältst sie kurz unter das kalte Wasser und lässt sie auskühlen. ● Mit etwas Öl, das du auf deine Hände gibst, kannst du die Eier glänzend machen.

Zutaten
2 Hand voll
   Zwiebelschalen
2 l Wasser
10 Eier
1 TL Öl, kaltgepresst

Geräte
2 Kochtöpfe
Messbecher
Sieb
Esslöffel
Eierstecher

Sonstiges

Selbst gezogene Kresse 🌼

Zutaten
1 gestrichener EL Kressesamen
1 Tasse Wasser

Geräte
unglasiertes Tongefäß oder Porzellanteller, flach, oder Edelstahlplatte, flach

Mit ganz einfachen Mitteln kannst du dir Kresse selbst ziehen. Verrühre den Kressesamen in einer Tasse Wasser und lasse ihn 1 Stunde lang quellen. 1 EL Samen ist ausreichend für einen flachen Essteller mit Kresse. ● Den gequollenen Samen gießt du nun in ein unglasiertes Tongefäß (dieses etwa 1 Stunde vorher in Wasser einweichen), auf einen Porzellanteller oder eine Edelstahlplatte. ● Es dauert nun etwa 10 Tage, je nach Wärme, bis du deine Kresse ernten kannst. Du musst nur jeden Tag daran denken, den Samen vorsichtig zu gießen, eventuell mit einem Wäschesprenger. Beobachte auch, wie sich schon am 2. Tag der Samen öffnet, wie sich die Wurzeln bilden und dann schließlich das grüne Stengelchen wächst. ● Wenn die Kresse-Stengel ca. 3 cm lang sind, kannst du sie ernten. Schneide immer nur so viel mit der Schere ab, wie du brauchst. Die gewachsene Kresse hält sich einige Tage frisch, wenn du sie täglich weiter gießt. ● Für Butterbrote, Salate oder Dips kannst du sie vielseitig verwenden.

Zu guter Letzt ...

Ihr habt sicher viel Freude und Spaß beim Kochen und Backen gehabt. Für Eure Arbeit waren viele Küchengeräte und -utensilien notwendig. ● Eure Mutter oder Euer Vater haben doppelte Freude an Eurem emsigen Wirken, wenn Ihr alle benutzten Gerätschaften blitzeblank hinterlasst und wieder an Ort und Stelle legt:
— Übrig gebliebene Zutaten aufräumen,
— Geschirr, Töpfe und Besteck abspülen und abtrocknen,
— Küchenmaschinen abwischen (vorher Stecker aus der Steckdose ziehen), benutzte Teile abspülen und abtrocknen,
— Herd und Arbeitsflächen abwischen, Backröhre auswischen,
— Küche kehren.

Eigene Rezepte

299

Eigene Rezepte

Eigene Rezepte

303

Gesunde Ernährung mit Helma Danner

Biokost für mein Kind
Die biologische Ernährung von
Säugling und Kleinkind
(Econ-Verlag)

Biologisch kochen und backen
Das Rezeptbuch der natürlichen Ernährung
(Ullstein-Verlag)

Die Naturküche
Vollwertkost ohne tierisches Eiweiß
(Ullstein-Verlag)

Diese Bücher erhalten Sie natürlich auch über unseren Buchversand.
Gern senden wir Ihnen kostenlos ein Gesamtverzeichnis zu!

emu Verlags- und Vertriebs-GmbH
Dr.-Max-Otto-Bruker-Str. 3
56112 Lahnstein
Tel.: 0 26 21 – 91 70 10
Fax: 0 26 21 – 91 70 33
E-Mail: shop@emu-verlag.de
www.emu-verlag.de